A la sombra de sus alas

Aprende a salir victoriosa ante las pruebas desgarradoras de la vida

LILIANA BUSTAMANTE

A la sombra de sus alas: Aprende a salir victoriosa ante las pruebas desgarradoras de la vida

© 2023 por Liliana Bustamante

Editado, diagramado y publicado por:
MIND - Digital Marketing
@SAMOYLALA

30043 Georgia - (786) 237 7171
www.samoylala.com

Dirección de proyecto editorial y escritura: Lala Herrera. @LalaHerreratm
Asistente general: Valentina Santamaría
Edición y corrección de estilo: Marina Lorenzín
Compilación de información y manuscrito inicial: Andrea Cadavid
Diseño de portada: Abraham Santaella
Diseño y diagramación interna: Keren Nicoll Fierro Sánchez

Impreso en los Estados Unidos de América.

Agradecimientos

En primer lugar, quiero agradecer por este libro a mi Señor Jesús. Él transformó mi vida de un lugar de cenizas a uno completamente restaurado. Gracias a su amor, puedo vivir bajo la unción del Padre y su gracia.

También, reconozco la vida de mi mamá y hermana, a quienes extraño mucho y, aunque no están conmigo, me dejaron a sus hijos, a quienes amo profundamente y creo que he logrado hacer un buen trabajo con ellos.

Gracias a mi hijo, Alejandro, quien es mi motor y regalo de Dios.

A los hijos que Dios y la vida me dieron: mi hermanita Alejandra, junto con mis sobrinos Daniel y Stephania.

Por supuesto, también quiero agradecer a mi iglesia Free Chapel y al pastor Jentezen Franklin, lugar que ha alimentado mi espíritu y de quienes he aprendido a conocer a mi Dios.

A mi pastor y cuñado Ronald Salas, quien ha cuidado de mi hermana y me ha dejado ver el amor de Jesús en su testimonio.

Al pastor Juan Carlos Villa, mi psicólogo y pastor, que me ayudó en el proceso de sanidad interior.

A mi apreciada Susana Shana, la mujer que me llevó a Cristo y cuyo testimonio me impulsó para dar mi vida al Señor.

A mi equipo de trabajo, quienes me han ayudado a hacer realidad los sueños de tantas familias hispanas en Georgia al adquirir una casa nueva.

Agradezco a Andrea Cadavid, a quien le conté mi historia y con dedicación, respeto y pasión comenzó a escribirla.

A Lala Herrera, quien desde que la conocí hizo un clic en mi vida de parte del cielo para ayudarme, validarme y superarme. Y, además, quien junto con su equipo terminó de escribir e hicieron posible la publicación de este libro.

Y, por último, a las mujeres que leerán *A la sombra de sus alas* y a las asistentes de la casa de mujeres, Refugio de Esperanza. Creo firmemente que así como Dios transformó mi vida, lo hará con la de ustedes.

Gracias, Dios, por esta maravillosa obra. Mi vida es un lienzo en tus manos.

Contenido

Prólogo

Este libro narra la historia de Liliana, una mujer que, a pesar de haber sufrido abusos y dificultades en su vida, encontró la fuerza y la determinación para superarlos y convertirse en una exitosa hija de Dios.

A lo largo de sus páginas, descubrirás cómo esta valiente y resiliente mujer dejó atrás su doloroso pasado para construir un futuro brillante para sí misma. Aprenderás de sus luchas y victorias, de sus desafíos y triunfos, y te inspirarás en su capacidad para transformar la adversidad en una poderosa oportunidad.

Esta historia es un testimonio poderoso de que, aunque la vida puede ser difícil y dolorosa, siempre hay una manera de superar los obstáculos y lograr nuestros sueños. Espero que la historia de esta mujer de fe te motive y aliente a seguir los caminos del Señor con valentía y determinación.

A través de anécdotas y situaciones que te mantendrán en vilo, este relato te llevará por un camino lleno de obstáculos y desafíos, pero también de triunfos y alegrías. Verás cómo Liliana supera obstáculos aparentemente insuperables gracias a su perseverancia y fe, y cómo esto la llevó al éxito.

Este libro es una historia de superación, esperanza y empoderamiento. Estoy seguro de que te dejará una gran impresión y te motivará a enfrentar cualquier obstáculo que se interponga en tu camino, sabiendo que Dios forma parte de tu destino. Disfrútalo y aprende tanto como yo lo hice al escribir este prólogo.

Juan Carlos Villa Layos,
Pastor y psicólogo en Remanente Church.

Introducción

Era el año 1984 cuando regresamos a Colombia después de que mi mamá dejara el narcotráfico en Estados Unidos. Una vez allí, me envió a estudiar a otra ciudad del país por seis meses, porque quería alejarme de lo que había sucedido y del curso de sus decisiones. Por mi parte, yo estaba sedienta de un propósito, quería encontrar ayuda para comprender lo que estaba viviendo. Intenté estudiar psicología, mas no recibí su apoyo, por lo que comencé a ir a la Iglesia católica a servir en el grupo de jóvenes. Ayudaba a los indigentes de la calle llevándoles comida por la noche y algunos fines de semana.

Fue en ese entonces cuando me enamoré. Conocí a un hombre guapo, elegante, inteligente y hábil con sus palabras. Trabajaba para el Gobierno. Tuvimos una relación intensa y llena de altibajos hasta que, a los pocos meses, quedé embarazada. No sabía si me sentía feliz o triste. Me aterraba lo que estaba viviendo y cómo tomaría mi familia, e incluso mi pareja, la noticia de esta vida que estaba creciendo en mi interior.

Recuerdo caminar por las calles de la ciudad para pensar en las palabras con las que daría la noticia. Veía niños y bebés a mi alrededor y me imaginaba cómo sería mi historia. Al mismo tiempo, mi mente se llenaba de temores: ¿Y si me equivoco? ¿Y si las cosas no son como espero? ¿Y si me pasa lo mismo que vi en casa y mi bebé crece con el dolor de la inestabilidad de sus padres?

A pesar de todo ello, tomé la decisión de hablar con el papá. Estaba nerviosa, me sudaban las manos, pero cobré fuerzas y le dije: «Estoy embarazada». Para mi sorpresa, su rostro rápidamente se transformó. Su tez se puso blanca, sus nudillos se tensaron, sus labios se endurecieron y alzando la mirada me pidió que me hiciera un legrado. Para él, esta noticia significaba destruir su carrera política. En ese momento, no entendía su petición; lo notaba alterado, sorprendido y lleno de miedo, pero no imaginaba que su respuesta inmediata fuera el aborto.

Al terminar la conversación, me pidió que subiera de inmediato a su auto. Al ser tan joven e inocente, pensaba que él estaba preocupado por mi salud y la del bebé. Tranquilamente, accedí a ir con su médico de confianza para atenderme, según él, lo antes posible. Cuando llegamos al lugar, el doctor escuchó las palabras de mi novio y se negó a verme. Tras este hecho, volví a casa. Tenía una gran incertidumbre debido a lo que había acontecido, así que en mi angustia, le conté a una tía de mi embarazo y mi confusión. Ella le informó a mi mamá de mi estado y su reacción no se hizo esperar. No me apoyó para tener el bebé porque, según ella, era muy joven y debía terminar la universidad; aun así, tampoco me dijo que abortara. En medio de todo esto, mi ansiedad crecía. No sabía qué hacer, tenía miedo de estar en casa con el bebé y todo lo que implicaba, pero tampoco quería abortar.

A medida que transcurrían las semanas, me iba haciendo a la idea y, aunque no estaba segura, tenía muchas emociones revoloteando en mi interior. Hasta que un día, aquel hombre joven y elegante, el padre del bebé en camino, la persona que decía que yo le gustaba y quería pasar tiempo conmigo me recogió en el auto, me llevó a dar un paseo y estando en medio de la nada, me amenazó junto a sus guardaespaldas para acceder al aborto.

El auto aceleró. Él ya tenía la sala de cirugía lista y el médico estaba esperándome. Al llegar, mientras apuntaba un arma sobre mi cabeza, se procedió a realizar la intervención y extrajeron al bebé de mi interior.

Horas más tarde, me dejaron en la puerta de mi casa. Entré temblando, pálida y con lágrimas en los ojos. Por obvias razones, ese día mi vida cambió por completo. Sentí que al salir de ese hospital, no solo había perdido a mi bebé, sino que también parte de mí se había esfumado.

Ese día, hizo que construyera a mi alrededor una coraza. Sentí que me habían arrancado el corazón y habían puesto en su lugar uno de piedra. Me volví más fuerte, insensible, no demostraba emociones ni dolor.

Pasaron seis meses y me enteré de que el deseo egoísta y ambicioso de ese hombre lo llevó a viajar a Estados Unidos en busca de dinero fácil, pero pocas semanas después lo arrestaron por narcotráfico en Estados Unidos. Duró preso varios años, y este acontecimiento fue el fin de su carrera política, lo que tanto temía.

Por mi parte, la carrera dolorosa entre el tráfico de drogas en Colombia y lo cercano que era para mí este ambiente; los vestigios de dolor a causa de las malas decisiones de mis padres y familiares; mis pasos errantes tratando de sobrevivir a todo lo que tenía enfrente y, por supuesto, este y otros momentos que marcaron mi vida hicieron que llegara a un punto de quiebre.

Años después, conocí a Jesús. Comprendí que necesitaba volver a nacer para cambiarlo todo. Entendí que si quería vivir y disfrutar cada día, tener paz en mi corazón e incluso poder cambiar la historia de mi generación, debía tomar una decisión y aceptar el acto de amor más grande que alguien había hecho por mí.
Este libro relata, sin temor, el recorrido de una mujer que salió de las garras de los más grandes depredadores: el narcotráfico, la depresión, el aborto, la muerte, la infidelidad, el dolor, la soledad, la persecución y la violencia. Esta mujer es mi pasado y hoy, soy una hija de Dios que no solo logró superar todo esto, sino que ahora ayuda activamente en la sociedad, acompañando a familias a hacer su mayor sueño realidad.

En estas hojas, encontrarás paso a paso el proceso de mi transformación. Espero que en cada una de estas páginas no solo puedas verme a mí, sino que puedas caminar de la mano de los ejercicios, oraciones y versículos para tomar fuerzas, creerle a Dios y salir de cualquier prueba que estés pasando. Una mujer que conoce a Dios tiene un antes y un después en cada aspecto de su vida. Finalmente, si hay algo seguro en medio de cualquier circunstancia es que el amor del Padre no mengua. Hasta aquí nos trajo su gracia y bajo la sombra de sus alas, estaremos seguros.

Con sus plumas te cubre, y bajo sus alas hallas refugio; escudo y baluarte es su fidelidad.

Salmos 91:4 LBLA

Capítulo 1

El origen: reconocer el pasado nos permite transformar nuestro futuro.

Bendito sea el Dios y Padre de nuestro Señor Jesucristo, que nos bendijo con toda bendición espiritual en los lugares celestiales en Cristo, según nos escogió en él antes de la fundación del mundo, para que fuésemos santos y sin mancha delante de él. *(Efesios 1:3-4)*

Culturalmente, es muy conocido el dicho que dice: «De tal palo, tal astilla» o «De tal padre, tal hijo». En mi caso, fue cierto. Si bien soy una mujer predestinada a ser hija de Dios, viví muchos años bajo el dolor y la angustia que mi familia cargó por generaciones. Mis ancestros son de origen colombiano, crecí en medio de una cultura paisa, desarrollada específicamente en los departamentos que quedan al Noroeste del país.

Fui concebida como producto de la emoción pasajera y fluctuante de mis padres, quienes huyeron de sus hogares para casarse debido a que sus familias se oponían a su matrimonio. Mi padre era un joven militar y mi madre era una mujer hermosa con un carácter fuerte. Ella quedó huérfana de ambos padres desde pequeña, sufriendo su primera desilusión amorosa. Su estadía rodó de un lugar a otro en medio de conocidos y desconocidos, padeciendo en carne propia el maltrato emocional y físico, todo esto desembocando en una notable falta de identidad.

Debido al trabajo de mi padre, ambos fueron trasladados a una base militar en Bogotá, la capital del país. Allí fue donde nací, en el Hospital Militar de Bogotá. El trascurso de mi infancia y adolescencia tuvo un tono oscuro, cruel y perverso. Mi vida estuvo marcada por un espíritu de muerte, momentos de pánico y horror. Sumando a todo ello, el incesante ataque del maligno por poseer una vida que ya estaba marcada como propiedad de Cristo.

Mi abuelo materno fue un hombre de piel morena, aguerrido y de origen humilde. Logró un título universitario en tiempos donde la educación pertenecía a una pequeña y limitada esfera de la sociedad de la cual, claramente, él no formaba parte. Este logro lo llevó a ser miembro del Comité de Cafeteros y, por tal motivo, tuvo la posibilidad de acrecentar su fortuna económica. Gracias a ello, contrajo matrimonio con mi abuela, quien se destacaba por ser una dama distinguida y de la élite de la sociedad de la ciudad.

Mis abuelos emprendieron la huida para formalizar su matrimonio, dándole lugar al amor verdadero. Fueron rechazados, discriminados por el color de la piel de mi abuelo y humillados por personas de su círculo social. Esto no fue impedimento para ellos, pues sin hacer caso de todos los condicionamientos, de ese bello hogar, nacieron seis niñas y un varón.

Para nuestra tristeza, debo hacer notar que mi abuela contrajo una enfermedad mortal en su estómago y después de once años de casados, dejó a su amado esposo a cargo de siete hijos, de edades entre uno y once.

El carácter del abuelo era predominantemente colérico y no le temía a nada ni a nadie; por el contrario, mucha gente le expresaba una combinación entre miedo y respeto. En una percepción inicial, pude entender por la historia de la familia que poseía un poder sobrenatural. Tanto es así que en una de esas historias se contaba que por medio de su voluntad hacía tronar los cielos, también callar los vientos y que a la orden resonante de su voz, algunos frutos naturales, como los plátanos, se partían por la mitad.

Ahora, con más conciencia sobre el mundo sobrenatural, he podido entender el movimiento propio del ámbito espiritual, en donde todas esas acciones y esas actitudes no eran nada más que la manifestación de la ausencia de Cristo en todos los miembros de la familia.

Por eso es que todas estas expresiones se presentaban relacionando el reino de las tinieblas a través de mi abuelo, quien estaba haciendo mucho daño en ese entorno familiar donde debería haber reinado el amor, la comprensión y la unidad espiritual.

> ***Porque nuestra lucha no es contra sangre y carne, sino contra principados, contra potestades, contra los poderes de este mundo de tinieblas, contra las huestes espirituales de maldad en las regiones celestiales.*** *(Efesios 6:12 LBLA)*

Debido a su carácter, abrió puertas a escenarios horrorosos de dolor y angustia. Uno de ellos, luego del fallecimiento de la abuela, fue el asesinato a su cuñado, a causa del maltrato a su hermana. Esto generó una sed de venganza entre ambas familias, por lo que un día cualquiera lo siguieron para asesinarlo y, a causa de un error, mataron a un hermano que caminaba a su lado cuando el objetivo era él mismo.

Retomando el fallecimiento de mi abuela, debido a su soledad e incapacidad de criar a sus hijos solo, mi abuelo contrajo matrimonio con una mujer viuda y madre de cinco hijos, que sumados a los siete de él, eran doce. Luego de su unión marital, tuvieron un hijo varón, siendo un total de trece hijos. Escogieron como lugar de residencia un pueblo marginado, justo el lugar donde nació el movimiento guerrillero más grande de Colombia. Esta época se caracterizó por la violencia entre los dos partidos políticos dominantes de ese tiempo: los Liberales y los Conservadores.

Mi abuelo pertenecía al movimiento conservador y estando un día con uno de sus hijos recogiendo a caballo la cosecha en los terrenos de la finca, salieron unos hombres del partido opuesto y le tendieron una emboscada para matarlo. Así terminó la vida de mi abuelo, muerte que fue presenciada por su hijo mayor, quien alcanzó a esconderse. Ese día, mi madre quedó huérfana de padre y madre.

La madrastra regresó a la ciudad de Medellín, de donde era oriunda, llevándose consigo a sus seis hijos, incluyendo al hijo que había concebido con mi abuelo. De ahí en adelante, los otros hijos de mi abuelo fueron distribuidos con los demás parientes cercanos. Mi madre y una de sus hermanas fueron enviadas a un pueblo distinto, donde una tía que ni siquiera conocían. Esta tía y su esposo tenían una posición económica sólida, la cual permitió que mi mamá creciera sin carencias económicas, pero sin amor y siendo maltratada físicamente por el esposo de su tía.

Al conocer a mi padre, mi madre se fue con él y se casó. Poco tiempo después nací yo. Ella no contrajo matrimonio enamorada, pues había atravesado por una ruptura amorosa cercana. En cierta forma, tomó este paso por despecho y a modo de salida para huir de la prisión psicológica en la que se encontraba viviendo con su tía y su esposo. Mi padre era muy joven e inmaduro. Esto lo llevó a ser un hombre irresponsable, falto de afecto e infiel, quien, además, en su condición de militar, era muy exigente e incluso, insensible.

Luego de trasladarse del batallón a una vivienda en la ciudad de Bogotá, se iba de viaje a las misiones de inteligencia y abandonaba a su familia. Para él era muy importante la seguridad, así que le dejaba a ella un arma de fuego para protegerse a sí misma y a su hija en caso de peligro. Una noche, unos delincuentes irrumpieron en la casa para robar. Mi madre, sin titubear, gritó y al ver a dos ladrones, le disparó a uno de ellos, causando su muerte. Fueron tiempos difíciles, mi madre carecía de recursos económicos para la manutención diaria tanto de ella como la mía.

La conducta de mi padre empeoró con el tiempo. Se convirtió en un hombre adúltero con diferentes mujeres y continuó siendo irresponsable financieramente. Mi madre lo abandonó por un tiempo, pero la presión social y familiar la obligó a regresar con él a los pocos meses, así fue como nos trasladaron a otra ciudad grande, Medellín. Tras esto, quedó embarazada de mi hermana y por la insatisfacción de su vida matrimonial intentó abortar en dos ocasiones. Sin embargo, por la prohibición de esa práctica en Colombia, desistió de esta decisión y, finalmente, se separó de mi padre para siempre.

Cuando llegó la hora de dar a luz, mi madre vivía con su hermano, quien la llevó al hospital para que la atendieran y el 11 de mayo nació mi hermana. Trágicamente, estuvo a punto de desangrarse debido a que al nacer no le hicieron el procedimiento correcto en su ombligo, es ahí cuando comienza a perseguirla el espíritu de la muerte. Al quedar sola y sin recursos económicos para mantener a sus dos hijas, se refugió en la casa de su hermana. Allí estuvo durante tres meses hasta que mi papá le ayudó a conseguir un empleo en una organización nacional de seguro médico. A pesar de ser una bendición económica, su trabajo se convirtió en la piedra de tropiezo para ejercer su rol de madre; por lo que mi hermana y yo pasamos al cuidado por parte del personal de servicio.

Recuerdo que por las tardes, después de hacer mis tareas del colegio, me asomaba por la ventana de la casa y veía pasar a los niños de bajos recursos económicos. Esto despertó en mí un sentido de compasión y misericordia, por lo que cuando podía les lanzaba mis juguetes. Amaba verlos sonreír, era un gran gozo para mí, pues yo sabía que luego me darían más para poder seguir regalando. Desde ahí siempre he sentido en mi corazón poder ser un instrumento de bendición y ayuda para el necesitado.

No puedo olvidar que mi madre siempre fue una mujer ambiciosa y se preparó para poder tener un mejor trabajo. Después de estudiar enfermería, la ascendieron a un mejor cargo y contrató a una empleada las veinticuatro horas del día para que nos cuidara. Por esas cosas de la vida, un día mi papá nos fue a visitar y noté que bebía mucha agua, lo cual me generó curiosidad. Así que cuando él se levantó de la mesa para ir al baño, quise tomar agua también, pero tenía un sabor muy diferente. A mi corta edad de seis años, seguí tomando del vaso que estaba casi lleno, y a esa temprana edad me embriagué, sin tener idea de lo que estaba haciendo. Por supuesto, debido a la gran intoxicación me llevaron al hospital y por muchos años no volví a ver a mi padre.

Después de eso, mi madre comenzó a tener una vida sentimental muy activa. Tuvo diferentes novios que le ayudaban financieramente. Mientras tanto, nosotras los veíamos entrar y salir de la casa. A raíz de ello, se despertó un sentimiento de protección hacia mi hermana, ya que sentía que debía cuidarla; al fin y al cabo, yo era la hermana mayor. Luego de todo este tiempo, en 1972 mi madre decide viajar a Nueva York para tratar de mejorar su situación económica y buscar un mejor porvenir para nosotras; sin embargo, ella no midió las consecuencias de sus actos ni el cambio tan drástico que esto produciría en sus hijas.

Como consecuencia de su decisión, de forma impetuosa a mi hermana y a mí nos separaron. A cada una nos enviaron a una casa en ciudades diferentes en Colombia. Fueron los diez meses más largos y agonizantes de los que tengo memoria, pues sucedieron eventos de gran maldición para nuestras vidas.

En una ocasión, mi tía llegó de visita con mi hermana y fue un gran alivio para mí volvernos a ver. Un día, unos vecinos nos invitaron a jugar a su casa. Recuerdo que bajamos a un sótano y sentí no tener paz en mi corazón de ir a jugar allí. Mi hermanita de tres años junto con los otros niños se fueron. Y, de repente, escuché sus gritos llenos de pánico porque habían sido espantados por un duende que ellos describieron como un niño de piel oscura, sin pies y con una vela entre sus manos a la altura del pecho. Yo nunca lo vi, pero la descripción quedó plasmada en mi mente como una fotografía y, aún peor, los efectos que este encuentro sobrenatural con el mundo de las tinieblas ocasionó en la vida de mi hermana.

Así fue pasando el tiempo hasta llegar a primer grado de la escuela primaria a los siete años. Por lo general, iba acompañada por un profesor vecino quien me llevaba caminando al colegio cada día, pero por las tardes, tenía que caminar de regreso a casa sola. Al cabo de un tiempo, tenía compañeras del colegio que hacían ese trayecto conmigo. En esa época, todo era muy tranquilo y seguro, pero llegó un día en que una de las niñas de secundaria me llevó de la mano a un lugar desolado y oscuro, en donde trató de abusar de mí sexualmente. Con mi fuerza y mi empeño en escapar, logré huir y mantuve en silencio esta experiencia por el temor que esto me causó. Este fue el inicio a muchos otros eventos de abuso sexual a los cuales fui sometida durante mi infancia.

Después de diez largos meses, mi mamá regresó de Estados Unidos, ya que no logró el objetivo de salir adelante laboralmente y nos extrañaba a mi hermana y a mí. En ese tiempo, el gremio de los cafeteros entró en auge económico, pues el café se había convertido en el producto número uno de exportación de Colombia. Debido a sus días de estancia en Norteamérica, logró hacer algunos contactos y empezó a trabajar en ese rubro. A mi hermana y a mí nos invadía la felicidad de estar nuevamente reunidas y viviendo en familia con mi mamá. Mi madre nos engalanó con una cantidad innumerable de juguetes exclusivos que no se comercializaban en el país; y que, por tanto, fueron motivo de envidia para muchos otros niños del barrio.

Cierto día, mi hermana se encontraba con el personal de servicio y entraron ladrones a robarse los juguetes y los electrodomésticos. En mi corazón, discerní que podrían haber sido los mismos vecinos y, al visitarlos un día con doble intención, pues presentía que ellos eran los responsables del hecho, descubrí que efectivamente, nuestras pertenencias se encontraban ahí. Es en ese momento cuando sin darme cuenta activé el don del discernimiento.

Así transcurrían los meses y el trabajo de mi mamá iba en aumento. Cuando tenía ocho años le hicieron la propuesta de dirigir una oficina de exportación de café en el puerto del Pacífico, la cual ella gustosamente aceptó. Para ese momento, había entablado la relación sentimental más importante de su vida con el presidente de esta compañía cafetera y con quien se fue a vivir a dicha ciudad. Esto significó, por lo menos para mí, dejarnos una vez más en segundo plano. Mi hermana y yo no tuvimos más opción que irnos a un internado, un colegio privado muy afamado en la ciudad de Bogotá. Fueron hasta ese momento los cinco meses más traumáticos de mi vida, pues tuve que asumir completa responsabilidad de mi hermanita que tenía solo cinco años y acostumbrarnos a vivir una vida fría, sin afecto y de gran soledad. Nos daba alegría que llegara el fin de semana para irnos con la tía del jefe de mi mamá, quien era para nosotras una desconocida, pero por lo menos cambiábamos de ambiente.

En ese entonces tuve un acercamiento a Dios, porque la tía nos enseñó a rezar el padrenuestro, ya que había sido monja por muchos años antes de casarse.

Esta oración se convirtió en mi refugio en los momentos difíciles, así que rezaba al despertar, en el baño, al dormir y en todo momento porque me generaba mucha paz y seguridad.

A lo mejor te preguntas: «¿Por qué nos cuentas todo esto, Liliana?». Con el tiempo, he descubierto que en mis primeros años de vida, hubo varias puertas espirituales que se abrieron y que, al no cerrarlas, se convirtieron en inmensas maldiciones que desencadenaron en muerte, persecución y delincuencia. Mucho de lo que vivimos hoy en día viene por la cultura en la que crecimos, por las decisiones de aquellos que estuvieron a nuestro lado o, incluso, por los hechos desafortunados sobre los que a lo mejor no tuvimos opción a decidir. No obstante, la Palabra de Dios dice que es necesario renovar nuestro entendimiento.

No imiten las conductas ni las costumbres de este mundo, más bien dejen que Dios los transforme en personas nuevas al cambiarles la manera de pensar. Entonces aprenderán a conocer la voluntad de Dios para ustedes, la cual es buena, agradable y perfecta. *(Romanos 12:2 NTV)*

Dios puede hacer todo nuevo en nuestras vidas. Tal vez no pueda cambiar el pasado, pero sí darle un significado nuevo, transformar nuestro presente e incluso, darnos un maravilloso futuro. Mi deseo para ti es que puedas experimentar todo el amor, la gracia, el poder y la soberanía del Padre en tu vida. Él puede cambiarlo todo, al fin y al cabo, «nada hay imposible para Dios» (Lucas 1:37).

Dios puede hacer todo nuevo en nuestras vidas. Tal vez no pueda cambiar el pasado, pero sí darle un *significado nuevo*, transformar nuestro presente e incluso, darnos un maravilloso futuro.

Cuestionario:

Soy una nueva persona

1. ¿Qué detalles de la historia de tus abuelos conoces que puedan llegar a repercutir de alguna manera en lo que vives hoy en día?

2. ¿Cómo era la relación de tus padres? ¿Cómo te influenciaron?

3. ¿Qué te gustaría que cambiara de tu pasado para afectar el presente y el futuro de tus generaciones?

4. ¿Qué áreas de tu carácter fueron heredadas y te gustaría que fueran cambiadas en Jesús?

¿Qué piensas del siguiente versículo?

> *De modo que si alguno está en Cristo, nueva criatura es; las cosas viejas pasaron; he aquí todas son hechas nuevas. (2 Corintios 5:17)*

Capítulo 2

Las huellas del abuso

Con el paso del tiempo, la relación sentimental de mi mamá con su jefe se consolidó, lo cual permitió que fuéramos de nuevo trasladadas a vivir con ellos, pero esta vez al puerto del Pacífico. Comenzamos a tener una vida muy próspera y llena de lujos. La última moda llenaba nuestros clósets, así como los juguetes importados marcaban la diferencia y la mesa de nuestra casa siempre estaba servida de forma abundante. Teníamos un gran personal de servicio en casa, además de los choferes que nos conducían de un lugar a otro. Íbamos con frecuencia a una isla privada de la cual llevo conmigo las más hermosas vivencias en la playa, y de allí mi pasión por el color azul y el mar.

Tengo que hacer referencia a algo importante en este tiempo y es que a mis diez años de edad, mi cuerpo de mujer se había formado completamente y esto causó un interés especial por parte del nuevo esposo de mi madre, pues le fascinaba tomarme fotos y elogiar mi figura diciendo que yo sería reina de belleza. A toda mujer le gusta escuchar que es bonita y, en mi caso, no fue diferente. Creo que usó esa táctica para empezar a ganarse mi simpatía.

Vivíamos en un edificio en el tercer piso. En el primer y segundo piso se encontraban las oficinas de la compañía de exportación de café, donde con mucha frecuencia se reunían con sus amigos para hacer fiestas y grandes celebraciones. Una noche, el marido de mi madre subió borracho al apartamento y entró a mi cuarto para manosear mis senos. Esto no sucedió solo una vez, sino que lo siguió haciendo en repetidas ocasiones, avanzando cada vez más en cada intento.

Recuerdo que estaba fastidiada de esta situación y, en mi inocencia, dada mi corta edad, no sabía qué hacer, hasta que un día se me ocurrió escribirle una carta, en la cual lo amenazaba con comunicarle a mi mamá todo lo que él me hacía. Al tener este pequeño gesto, logré crearle temor y dejó de instigarme. Además, para sentirme más segura, comencé a dormir junto a mi hermana.

Luego de esto, mi hermana se enfermó de los riñones y mi mamá tuvo que trasladarla al hospital en la ciudad de Cali durante tres días, mientras le hacían un tratamiento especializado para recuperar la salud. Tuve que quedarme con su esposo y el personal de servicio, ¡estaba aterrada! Esa noche, él se reunió con un amigo y su esposa a celebrar en el apartamento y decidieron que querían ir a Cali para reunirse con mi mamá, por lo que quería llevarme a la fuerza. Afortunadamente, una de las mujeres que trabajaba en casa se rehusó a dejarme ir. Al final, se fueron los tres y tuvieron un accidente fatal que ocasionó la muerte de su amigo y su esposa quedó cuadripléjica.

Una vez más, puedo reconocer la protección y el favor de Dios sobre mi vida.

Emperatriz, así se llamaba la empleada, fue un ángel enviado por el Señor para impedir ese viaje. Ella se convirtió desde entonces en una sierva amada y fiel en nuestra familia. El estilo de vida en nuestra casa mantuvo su ritmo y con regularidad se ofrecían fiestas y reuniones grandes con muchos invitados, la mayoría era gente adulta y totalmente extraña para mí.

Recuerdo que en una ocasión había un grupo grande de personas reunido en mi casa y, al anochecer, a mi hermana y a mí nos trasladaron a la habitación de huéspedes, para poder acomodar a un matrimonio en nuestra alcoba porque era más espaciosa. El guardaespaldas de esa pareja durmió en la misma habitación de huéspedes con nosotras. Cuando yo estaba durmiendo, sentí que alguien tocaba mi cuerpo. De inmediato pensé que era nuevamente el esposo de mi madre irrumpiendo para hacerme daño, pero para mi sorpresa, era el guardaespaldas quien osadamente estaba manoseándome. De forma abrupta logré levantarme y salí corriendo al baño en donde me refugié para llorar y rezar el padrenuestro como solía hacerlo. Hoy sé que el oído de mi Padre celestial estuvo siempre atento a mi clamor.

> ***Dios es nuestro amparo y nuestra fortaleza, nuestra ayuda segura en momentos de angustia.*** *(Salmos 46:1 NVI)*

Luego llamé a mi mamá y le conté lo que había sucedido. Ella vino a nuestro cuarto y confrontó al guardaespaldas abiertamente, pero él me desmintió y dijo que estaba cubriéndome con las cobijas porque hacía frío. Mi madre reaccionó con mucha calma y hoy llego a la conclusión de que lo hizo así para evitar un escándalo que hubiera finalizado tal vez en una masacre, porque no solo él, sino todos los adultos que habían pasado la noche en mi casa estaban armados.

Al día siguiente, recuerdo que escuchaba a mi mamá, a su esposo y a las empleadas murmurar y hablar en secreto. Luego de ese infausto incidente me enteré de que a este hombre lo mandaron a matar.

Después de haber sido víctima de estos repetidos intentos de abuso sexual, vinieron otros episodios por parte de dos individuos cercanos a la familia: el esposo de una amiga de mi mamá y un profesor de natación. Siempre me sentí culpable por provocar estos incidentes. Tenía temor de ser expuesta a esta opresión que guardaba en secreto. Debido a esto, inventaba excusas para no ir a los lugares en donde esas personas se encontraban. Hacía todo lo posible para evitar verles, aun cuando renunciaba a lo que quería.

Mi hermana y yo compartíamos mucho tiempo juntas. Hablábamos de todo lo que se nos pasaba por la mente y nos reíamos de nuestras ocurrencias. Esa era la manera de pasar nuestro tiempo porque en realidad no teníamos otras amigas, puesto que no nos dejaban salir. Lo curioso es que a esa edad quizá no entendíamos el ambiente en el que crecíamos, ni la atmósfera que nos rodeaba. Veíamos que había mucho movimiento a nuestro alrededor, pero no alcanzábamos a imaginarnos lo que realmente pasaba.

Tiempo después, mi hermana comenzó de nuevo a quejarse conmigo de unos dolores fuertes en la espalda. Luego de confiarme esto en varias ocasiones, se lo comuniqué a mi mamá y resultó ser de nuevo una falla en su riñón izquierdo. La sugerencia médica fue realizar una cirugía lo más pronto posible. Cuando mi hermana estaba lista para la operación, el doctor a cargo tuvo un temblor inesperado en sus manos. Al ver esto, decidió no operar, puesto que no estaba seguro de poder hacerlo; de hecho, nos pidió que realizáramos nuevos exámenes para confirmar el diagnóstico. En medio de esa confusión, una vidente cercana a mi madre llamó al hospital para que detuvieran de inmediato la cirugía. Le recomendó hacer un procedimiento diferente, el cual consistía en exponer a mi hermana a una intervención «médica» ejecutada por fuerzas ocultas.

Recuerdo claramente la preparación de mi hermana conforme a las instrucciones de esta señora, quien desde una ciudad lejana practicaría la cirugía guiada por los espíritus de la oscuridad. Debía vestirse de color blanco y la ropa de cama también. A mí me sacaron de la habitación y dieron inicio al procedimiento. La curiosidad por los rumores que había escuchado acerca de la operación de mi hermana me atormentaba, así que me acerqué a la puerta del cuarto que estaba cerrada y comencé a escuchar. Para mi sorpresa, pude percibir el ruido de diferentes instrumentos quirúrgicos, como se ve en las películas cuando se practica una cirugía tradicional. Yo tenía la certeza de que allí adentro de esa habitación, estaba mi hermana sola; no obstante, por el ruido que se oía parecía que hubiera un gran grupo de personas.

En ese momento, descubrí que el mundo de las tinieblas era real; de hecho, aprendí a temerle y, aunque no comprendía en profundidad lo que sucedía, mi espíritu percibía algo que le estremecía.

Transcurrieron algunos meses y mi mamá quedó embarazada de su marido, pero como había tomado la decisión de no tener más hijos, abortó tomándose unas bebidas que le prepararon las personas que trabajaban en nuestra casa. Yo escuchaba todo lo que decían, por eso me enteré, pero guardé silencio. Su pareja en ese tiempo comenzó a serle infiel y, como consecuencia, la relación entre ellos nunca volvió a ser igual y el vínculo se disolvió. Cuando ella lo descubrió siéndole infiel con otra mujer, sin pensarlo dos veces, se separó de él para siempre, a pesar de sus múltiples ruegos para que volvieran a estar juntos. Esta noticia fue triste para mí, no solo por ver lo que sucedía con mi mamá, sino porque entendía lo que significaba para mi hermana y para mí: traslados, movimientos, nuevas relaciones amorosas en su vida y la posibilidad de enfrentar otro abuso por parte del próximo novio de mi madre.

Luego de esta situación, estableció una nueva relación de noviazgo muy reciente a la ruptura de su matrimonio. Dadas estas circunstancias, estos cambios generaron en mí un profundo y nuevo temor en mi vida. Los pensamientos me torturaban de día y de noche, porque yo imaginaba que cada nuevo hombre en la vida de ella, significarían un nuevo abuso sexual en mi contra.

Según investigaciones de la Unicef en 2017, cerca de 1,1 millones de niños, niñas y adolescentes en América Latina han sido víctimas de violencia sexual en algún momento de su vida.[1] Esta cifra es alarmante, puesto que las consecuencias de este tipo de abuso son múltiples, como depresión, trauma severo, dificultades en la convivencia, inseguridad, baja autoestima, aislamiento, dificultad en establecer relaciones y problemas sexuales. Una vez el adulto crece, puede tener constantes sentimientos de culpa, impotencia o disociación de la experiencia.[2]

Aunque este libro no está centrado en este tópico, me gustaría compartir contigo algunas generalidades al respecto. Según la organización internacional Women Against Abuse (Mujeres contra el abuso) existen diferentes clases de abuso:

ABUSO FÍSICO: El abuso físico puede variar desde aquel que causa moretones hasta aquel causante de homicidio. A menudo, el abuso físico aumenta hasta ser frecuente y convertirse en ataques serios.

Los siguientes son algunos ejemplos de abuso físico: golpes, puñetazos, mordeduras, quemaduras, restringir movimiento, estrangulamiento (produciendo asfixia), daño de propiedad o de artículos de valor, etc.

ABUSO EMOCIONAL/PSICOLÓGICO: La violencia psicológica o mental incluye cualquier acción que afecta la salud mental y el bienestar de una pareja, tales como el uso de insultos, el criticismo constante, el hostigamiento, el echar la culpa de todo a la víctima, el ser posesivo(a) y celoso(a) en extremo, el mantenerte alejada o sin contacto con la familia y amigo(a)s, la intimidación y la humillación.

Otro tipo de abuso emocional es el acecho, el cual puede ser un patrón de conducta aparentemente inocente o acciones obviamente criminales que hacen que las víctimas teman por su seguridad o por la de sus seres queridos.

ABUSO SEXUAL: El abuso sexual incluye el forzar a la pareja a realizar actos sexuales en contra de su voluntad, el herir a la pareja durante el acto sexual, el coaccionar a la pareja a tener sexo sin protección contra el embarazo o contra enfermedades de transmisión sexual y el intentar tener actividad sexual cuando la víctima no está totalmente consciente o tiene temor de decir no.

ABUSO FINANCIERO: El abuso económico o financiero incluye cualquier conducta que mantenga el poder y el control sobre las finanzas, tales como el prevenir que una pareja obtenga o mantenga una posición de trabajo, el hacer que una pareja pida dinero por cada gasto, el limitar el acceso de una pareja a fondos y al conocimiento de finanzas familiares, el controlar los fondos de la pareja, el dañar el crédito de la pareja, etc.

ABUSO POR MEDIO DE TECNOLOGÍA: El abuso tecnológico incluye el uso de tecnología como los teléfonos celulares, las computadoras o el internet para controlar y acechar a una pareja.

Este tipo de abuso puede suceder a personas de toda edad, pero es más común entre los jóvenes, los cuales usan la tecnología y los sitios de internet de redes sociales a menudo de manera no supervisada por adultos.

ABUSO POR MEDIO DEL ESTADO DE INMIGRACIÓN: Hay tácticas específicas de abuso que algunos abusadores usan en contra de sus parejas inmigrantes.

Estas tácticas incluyen: el guardar o destruir los documentos de inmigración, el impedir que la pareja aprenda inglés, el amenazar con herir a la familia de la pareja que se encuentra en su país de origen, el amenazar con llamar a las autoridades de inmigración, etc.[3]

Es importante recordar y enfatizar que si estás siendo víctima de abuso, es necesario denunciar y comunicarlo a las autoridades de tu país lo antes posible. En Estados Unidos, inclusive los inmigrantes indocumentados tienen derechos. Es necesario contactar a la policía en cualquiera de estos casos. Además, hay diferentes tipos de organizaciones dedicadas a apoyar financiera y emocionalmente a las personas víctimas de este gran flagelo.

Si has sido víctima de abuso, al igual que yo, el amor de Dios tiene una segunda oportunidad para ti. Él puede devolverte la dignidad, el cariño y el cuidado que tu corazón anhela. Tal vez, te hayas alejado de Él porque lo culpas por lo que viviste, pero puedo decirte que su corazón se partió en dos al verte sufrir. Él nunca quiso que vivieras lo que experimentaste. Dios tiene sus brazos abiertos e incluso lágrimas en los ojos por querer retirar el dolor que hay en lo profundo de tu vida. Permite que Él escriba una nueva historia, deja que limpie tu pasado e incluso te dé un nuevo nombre, un nombre que cambie por completo tu percepción de ti misma.

«Ya no le dirán a Jerusalén: "Ciudad abandonada", sino: "La favorita de Dios", ni a la tierra de Israel: "País en ruinas", sino: "La esposa de Dios". Porque Dios se casará con ella, como se casa un joven con su novia; Dios la reconstruirá y vivirá feliz con ella, como vive feliz el marido con su esposa». *(Isaías 62:4-5 TLA)*

El amor de Dios

tiene una segunda oportunidad para ti. Él puede devolverte la dignidad, el cariño y el cuidado que tu corazón anhela.

Cuestionario:

Deja atrás el abuso

1. ¿Experimentaste algún tipo de abuso en tu infancia o adolescencia?

....

....

2. ¿Qué consecuencias has acarreado en tu vida?

....

....

3. ¿Crees que Dios puede retirar todo el dolor y darte la oportunidad de abrazar una nueva vida?

....

....

4. Escribe una oración en la que le pidas a Dios que remueva todo el dolor y comience en ti una nueva historia.

....

....

5. ¿Qué piensas del siguiente versículo?

Sé que cada mañana se renuevan su gran amor y su fidelidad. (Lamentaciones 3:23 TLA)

....

....

Capítulo 3

La entrada del narcotráfico a mi vida y el hilo de luz que no me ha dejado sola

Tras todo lo vivido en los años anteriores, la preocupación y la depresión se apoderaron de mi mente, trayendo como consecuencia un rendimiento escolar deficiente. Perdí el primer año de la secundaria y la reacción de mi mamá me dejó asombrada, ya que no se irritó conmigo ni tampoco recibí ningún acto disciplinario o correctivo. Por el contrario, aprendí una nueva lección equivocada: y era que todo se podía comprar con dinero.

Aprendí una nueva lección equivocada: todo se podía comprar con dinero.

Ella no profundizó en las razones por las cuales había perdido el año escolar, simplemente, pagó mi acceso al segundo año de la secundaria. Este pensamiento y manera de actuar se volvieron un legado en mi vida, hasta el punto de catalogar de «tontos» a los que habían repetido el año. Aunque no lo aceptara, esto fue doloroso para mí. Su rol de mamá se redujo a usar su varita mágica para solucionar los problemas de forma superficial, pero mi corazón anhelaba una conversación profunda, un tiempo de atención, un gesto de cariño. Todo mi ser interior clamaba por una madre que conociera mis pensamientos, temores y sueños. Las ocupaciones diarias para darnos a mi hermana y a mí una estabilidad económica, la alejaron irremediablemente de nosotras.

Durante mi adolescencia, nuestra rutina se volvió un círculo vicioso que daba vueltas y vueltas sin saber dónde se iba a detener.

Íbamos de una ciudad a otra; veíamos a mi mamá involucrarse en nuevas relaciones amorosas, lo cual me molestaba muchísimo; y me dolía ver su falta de estabilidad, por lo que comencé a irritarme fácilmente contra ella y a entablar discusiones con frecuencia.

Mi madre hacía caso omiso a todos mis intentos de querer llamar su atención y, de nuevo, el trabajo se convirtió en su prioridad. Siguió involucrada con el negocio del café por otro par de años, dando inicio a una sociedad para tostar café en la ciudad del Valle del Cauca. Creo que en lo profundo de su corazón, todo lo que mi mamá hacía era por nuestro bienestar, pero quizá la inmadurez por ser una mujer joven que estaba adquiriendo posición y posesiones con cierta facilidad estorbó su verdadero llamado.

Tiempo después y algunos intentos de negocio fallidos, mi madre recibió una propuesta para irse a trabajar a Estados Unidos en el gremio del café. Como estaba acostumbrada a hacer dinero en esa industria, aceptó. Con su respuesta, nos condenó a mi hermana y a mí a una serie de infortunios con los que, hasta el día de hoy, hemos tenido que lidiar con sus consecuencias, entendiendo que, a pesar de ellas, la cobertura de Dios siempre estuvo sobre nosotras, y aunque caminé en valles de sombra de muerte, el Señor me guardó en todo momento.

Me sacó del hoyo de la destrucción, del lodo cenagoso; asentó mis pies sobre una roca y afirmó mis pasos. *(Salmos 40:2 LBLA)*

Partimos para Estados Unidos en el año 1981. Llegamos a Long Island, Nueva York en el mes de enero, época en la que hace mucho frío y no estábamos acostumbradas. Arribamos al apartamento de una tía que estaba casada con un estadounidense y tenían una pequeña hija de casi dos años de edad. En ese lugar, no había comodidades, ya que era un espacio pequeño. A la semana de estar allí, mi madre rentó una casa con una belleza exuberante en Jericho, un lugar que para ese entonces era una muy buena área para vivir. Ella nos dejó instaladas junto a mi tía y un primo recién llegado de Colombia. Luego de esto, se fue para Miami, con la tranquilidad de que nosotras estábamos estudiando y teníamos un paraje cómodo para vivir.

Después de varios meses de espera, ella no volvía, aunque permanecíamos en contacto por medio de llamadas telefónicas. Yo iba a cumplir quince años y anhelaba que llegara la fecha para celebrarla en familia; sin embargo, mi madre nunca llegó. No solo recibí una llamada para informarme que no podía estar en mi cumpleaños, sino que además nos iba a trasladar a Miami con una familia que no conocíamos. Estuvimos en casa de un amigo junto con su esposa y sus hijos. Nos llevaron a Disney, a la playa, a la piscina; de hecho, pasaron casi dos meses hasta que, a través de una comunicación telefónica, me entero de que, en realidad, no habíamos podido verla, puesto que estaba en la cárcel.

Esa noticia fue devastadora, pero a su vez esperanzadora, ya que me contó con emoción que habían aprobado su salida y que llegaría la semana siguiente. Al rencontrarnos, me sentí feliz. Me confesó que había estado en la cárcel por lavado de dinero y que sus jefes también fueron arrestados por narcotráfico. Ella se salvó de una larga condena, gracias a un curioso evento en el apartamento de un amigo.

Cuando mi madre llegó a aquel lugar, abrió la puerta y se encontró con varias personas que estaban en medio de lo que parecía una celebración. Mientras su amigo le daba la bienvenida, le mostró un polvo blanco y fino. Ella, inocentemente, preguntó: «¿Qué es eso?».

Su amigo, sonriente, contestó: «¡Cocaína!», mientras extendió su mano con el polvo y le untó la nariz.

Ella, asustada, agarró la manga de su camisa y se limpió rápidamente, preguntando de nuevo: «¿Qué es?».

El amigo dijo: «Es el negocio que vamos a comenzar a construir». A su alrededor, todos se reían de la escena, pero lo que no sabían era que una organización estatal había instalado una cámara en el apartamento y todo ese incidente quedó grabado.

Meses después, ese video fue la prueba principal que la ayudó ante el juez para salir de la cárcel bajo libertad condicional. Tras esto, viajamos a Nueva York, sin dinero, pero felices porque estábamos de nuevo juntas. A partir de ese momento, los acontecimientos se resumen en tres años donde viví angustias, miedos, traumas y pánico. Desafortunadamente, la cárcel no fue una buena influencia para mi madre y comenzó a traficar drogas. Tampoco respetó estar en *parole*, que significa libertad condicional, ni modificó sus rutinas, a pesar de que cada mes visitaban nuestra casa para que mi mamá informara cómo estaba viviendo. Su corazón se había inclinado hacia este tipo de negocio, abriendo una puerta de dolor para toda la familia.

Yo sufría en silencio porque veía cómo guardaba dinero y drogas en la casa. Fueron unos años de mucha tensión para mí, ya que estaba enterada de todas sus actividades. Al mismo tiempo, cuidaba con celo a mi hermana para que nunca se diera cuenta de los negocios de casa. Algunas veces, veía que mi madre salía, tal vez a hacer una entrega, y casi siempre me ofrecía a acompañarla por miedo de que volviera a la cárcel. Observaba cómo intercambiaba paquetes constantemente, la veía contar dinero, recibir llamadas, estar tensa las veinticuatro horas, esto y mucho más.

Todo esto sucedió en una de las épocas más fuertes del narcotráfico en Queens, Nueva York. Me acuerdo de que ella me mandaba a realizar llamadas desde un teléfono público para avisar de que estábamos esperando alguna «transacción», así como también recuerdo cuando me enviaba a entregar alguna «bolsa sin nombre» con un contenido «secreto», sin darme mayor detalle.

Lo único bonito que recuerdo haber vivido fue que conocí en la escuela secundaria a un joven del que me enamoré. Había nacido en Nueva York, era de descendencia irlandesa y provenía de una familia muy creyente. Él me empezó a enseñar la Biblia y me hablaba del poder de Dios, esto despertó en mí un interés por su Palabra. No obstante, tenía que hacerlo a escondidas, pues mi mamá no me dejaba leer la Biblia y me la quitaba cada vez que me veía estudiando. Para poder leerla, aprovechaba cuando estaba en la casa de mi tía, sin que nadie pudiera verme.

Bienaventurados los que tienen hambre y sed de justicia, pues ellos serán saciados.
(Mateo 5:6 LBLA)

¡Qué curioso! Hoy solo puedo darle gracias a Dios por este joven y por regalarme lo único que me mantuvo en pie durante tanto dolor y que hoy en día es mi alimento diario.

El hambre de mi corazón joven por la Palabra de Dios, a escondidas para que nadie me viera leyendo, trajo a mi mente la convicción de saber que Dios guardaba mis pasos.

En este tiempo, se forjaron grandes heridas en mi corazón. Pensaba que no podría alcanzar mis sueños, sin tener dinero en el bolsillo para comprarlos. Qué equivocada estaba. Dios y su infinito amor me seguirían cubriendo y abriendo el camino para que años más tarde, solo pudiera decir, gracias, Padre, por tu restitución.

Después de tres años de estar viviendo en Long Island, los negocios de mi mamá comenzaron a traer grandes presiones, tal fue así que un día cualquiera decidió huir a Colombia, por miedo a volver a la cárcel. Mientras tanto, yo me había graduado con honores. Quería formar un hogar con mi novio y quedarme en Estados Unidos para ir a la universidad, porque me había ganado una beca y soñaba con estudiar Psicología Infantil para ayudar a los niños y jóvenes. A pesar de esto, empacaron mi ropa y me llevaron obligada a subir a un avión. No me dieron opción, debía regresar a Colombia. Todo esto sucedió sin que yo pudiera elegir, y lo peor de todo fue que no me dejaron despedirme de mi novio.

Entiendo a las mujeres cuando sienten que a causa de la falta de afirmación en su adolescencia, les cuesta avanzar en su rutina diaria. Así sucedió conmigo cuando me enfrenté a hablar en público, e incluso a crear contenido delante de las cámaras. Creía que cuando algo estaba mal, se solventaba con dinero, pero he aprendido que hay áreas en las que Dios quiere que nos superemos y disfrutemos de los planes de bien que ha trazado para nosotras.

> ***«Porque yo sé los planes que tengo para vosotros» —declara el Señor— «planes de bienestar y no de calamidad, para daros un futuro y una esperanza.***
> *(Jeremías 29:11 LBLA)*

Cuando comencé por primera vez a promocionar mi trabajo como agente de bienes raíces a través de videos, me aterraba. Sentía que las palabras no me salían, me ponía rígida y tensa, mientras me sudaban las manos a causa del estrés. Afortunadamente, con la ayuda de Dios, del tiempo y de algunos consejos básicos para lograrlo, me he ido soltando y hasta he recibido felicitaciones por el contenido que creo.

Sé que la falta de reconocimiento en nuestros primeros años de experiencia ha podido detenernos para seguir adelante, pero quiero que sepas que Dios no nos quiere estancadas.

Las Escrituras contienen palabras de afirmación para nuestras vidas. Su voluntad es que podamos avanzar y cumplir todo aquello para lo que fuimos diseñadas. Cuando necesites impulso para lograr lo que el Padre quiere de ti, búscale. Encuentra en la Biblia y en su amor todo lo que necesitas.

Las Escrituras contienen

palabras de afirmación

para nuestras vidas. Su voluntad es que podamos avanzar y cumplir todo aquello para lo que fuimos diseñadas.

Cuestionario:

Transforma tu pasado

1. ¿Cómo te afectó o edificó la afirmación de tus padres en tu vida?

....

....

2. ¿Qué áreas crees que Dios te está impulsando a soltar y dejar atrás?

....

....

3. ¿Cómo crees que puedes comenzar a cambiar y a moverte en esos escenarios que te han tenido estancada?

....

....

4. Escribe una oración en la que le pidas a Dios que te dé fuerzas y dirección para hacer los cambios necesarios en esas áreas específicas.

....

....

5. ¿Qué piensas del siguiente versículo?

Y os restituiré los años que comió la oruga, el saltón, el revoltón y la langosta, mi gran ejército que envié contra vosotros. (Joel 2:25)

....

....

Capítulo 4

Mi conquista: la depresión

Cuando mi madre abrió la puerta a la peste del narcotráfico, nunca imaginó todo lo que conllevaría. A la edad de dieciséis años, mi hermana se enamoró de un hombre que formaba parte de un conocido cartel colombiano. Le llevaba veintiún años de edad y esto, aunado a su profesión, hizo que las relaciones familiares se deterioraran.

Para mí era difícil entender por qué ella se había fijado en ese hombre. Teníamos todo lo que necesitábamos; sin embargo, ella quiso probar del tóxico sabor de los lujos sin medida, la abundancia y el materialismo; tanto fue así que ni siquiera el vacío ni la soledad de ese mundo hicieron que meditara dos veces en el camino que había elegido.

Por aquellos días, el novio que había dejado en Nueva York viajó de sorpresa a Colombia para proponerme matrimonio. Recuerdo ese día, tenía enfrente de mí la decisión de poder cambiar el rumbo de mi vida por completo, pero aun así, dije que no. Volver a Estados Unidos no era una opción para mí, por tanto, con dolor y entendimiento, lo dejé ir.

Años más tarde, una inesperada sorpresa nos dejó a todos sin palabras. A los cuarenta años de edad, mi madre quedó embarazada por cuarta vez. Estaba convencida de abortar, pues no imaginaba su vida con un niño pequeño en ella. Por mi parte, yo había tenido un aborto en esos meses. El padre, un prestigioso abogado que pensaba que un hijo detendría su carrera, me había obligado con un arma en mi cabeza a terminar con la vida de mi bebé. A raíz de esta traumática experiencia, le rogué, le imploré a mi mamá que no acabara con la vida de su hijo y que yo la ayudaría con lo que fuera necesario. Ante mi insistencia y la aprobación de su esposo, accedió.

Mientras sucedía esto, mi hermana decidió casarse con su novio. Para mi mamá esto fue un impacto muy grande y, como ella no estaba de acuerdo con su decisión, no asistió a la boda. En ese momento, la relación entre ellas se deterioró aún más. Con pocos días de diferencia entre la boda de mi hermana y el nacimiento de mi hermanita menor, presencié dos caminos de vida diferentes: las elecciones de ambas y las duras consecuencias que traían aparejadas cada decisión que tomaban.

Yo me sentía en medio de un forcejeo. Amaba profundamente a mi hermana, había crecido con ella, la había cuidado desde niña, era mi amiga, mi confidente. Junto a su sonrisa y su carisma, mi niñez cobró forma y se desarrolló. Me dolía ver las decisiones que tomaba, sentía que los patrones de dolor de mi madre se repetían en ella. Al mismo tiempo, veía a mi madre. Sentía que siempre había tenido que cuidar de ella, estar pendiente de sus decisiones y cuidar de su camino, pues su inestabilidad la llevaba a volverse vulnerable, y eso no solo la afectaba a ella, sino también a nosotras.

A los tres meses de casada, mi hermana se fue a vivir a Nueva York. En mi primera visita, pasamos un mes de vacaciones juntas. Para ella fue una alegría muy grande poder compartir juntas. Se sentía libre, tranquila, plena. Me sorprendió ver que en el mismo lugar en donde ella vivía junto con su esposo, también vivía otro hombre. Más me sorprendió saber que en el cuarto en donde él se quedaba, tenían guardados doscientos kilos de cocaína y más dinero del que muchas personas no han visto en toda su vida. Su rutina cada noche era contar cada billete con máquinas, pues era tanto que no se podía contar con las manos.

En esa época, le daban a mi hermana veinte o treinta mil dólares para gastarlos en compras en el centro comercial. Era la manera de mantenernos entretenidas. Nosotras visitábamos todas las tiendas que podíamos, derrochábamos sin medida, mientras que su esposo se mantenía encerrado y oculto. Doy gracias a Dios por su cobertura sobre mi vida, cada día y en cada paraje en donde estuve. Es verdad cuando la Palabra dice que antes de nacer, fuimos predestinados a ser hijos de Dios.

Aunque yo no conocía el amor del Padre de los cielos como hoy en día lo conozco, entiendo que nunca me abandonó y que, por el contrario, siempre me cubrió y protegió para que nada me sucediera.

Porque de tal manera amó Dios al mundo, que ha dado a su Hijo unigénito, para que todo aquel que en él cree, no se pierda, mas tenga vida eterna. (Juan 3:16)

Al regresar a Colombia, me encontré con que la ruptura de la relación entre mi madre y mi hermana por causa de su matrimonio provocó una artritis en la salud de mi madre. Padecía dolores fuertes y agudos, los cuales trataba con los doctores bioenergéticos del país. Yo, aunque tenía diferentes afecciones a causa del miedo por todo lo que me rodeaba, no me sentía cómoda con estos especialistas y dejé de asistir. Mientras tanto, continué estudiando Administración de Empresas en la universidad.

Cuando mi hermana volvió al país, empecé a viajar con ella y conocí a diferentes personas que estaban relacionadas con el narcotráfico. Estuve en un ambiente muy oscuro y pesado en el que la muerte y las drogas era el tema común. En vista de estos antecedentes, a mi cuñado le hacían allanamientos constantemente en las fincas y en sus casas. Teníamos que salir corriendo, escondernos y muchas veces llegaban helicópteros y autos llenos de militares a las zonas en donde nos encontrábamos. Recuerdo una vez cuando llegaron al apartamento treinta policías a buscarlo y yo estaba con mi hermana. Fue un impacto muy grande porque sentí miedo, pero también tuve que sortear la circunstancia para guardar mi vida, mientras que ellos escapaban para salvaguardar las suyas.

Para ese entonces, fue relativamente lógico que por frecuentar esos ambientes conociera un hombre que hizo que la ilusión volviera a crecer en mí. Me enamoré de un joven que también pertenecía al círculo del esposo de mi hermana. No me enorgullece decir que por mucho tiempo sostuve esa relación, a pesar de que él tenía otra novia en otra ciudad. Vivíamos lejos, por lo que no creía que fuera un problema que él tuviera otra relación, puesto que yo hacía lo mismo, sin que él supiera. Viendo hacia atrás, noto cómo los patrones de inestabilidad se repetían incesantemente. Mi madre y mi padre habían experimentado infidelidad, múltiples relaciones, dolor, dureza en su corazón, vacíos que los llevaban de boca en boca tratando de saciar su espíritu. Y yo, estaba viviendo lo mismo. Pasé casi tres años sosteniendo esta relación sin futuro, al fin y al cabo, desde mi perspectiva, era lo que había disponible.

Esta relación terminó cuando me enteré de que la otra novia estaba embarazada. La noticia me llevó al borde de la desesperación y terminé en el hospital por depresión. Para poder estar mejor, me medicaron con ansiolíticos. Anhelaba la paz, el amor, la estabilidad y ni las pastillas ni una relación ni un hombre me los brindaban.

Buscáis mucho, y halláis poco; y encerráis en casa, y yo lo disiparé en un soplo. ¿Por qué? Dice Jehová de los ejércitos. Por cuanto mi casa está desierta, y cada uno de vosotros corre a su propia casa.
(Hageo 1:9)

Tiempo después, la relación de mi madre con el padre de su hija menor se quebró también. Por lo que ella toma la decisión de viajar a Estados Unidos, esperando que el incidente de su anterior condena ya estuviera saldado, pero no fue así. Debo ser honesta, en mi corazón sentía que algo no estaba bien. Tenía el presentimiento de que algo iba a suceder, por lo que dejé la universidad y me embarqué con ella, junto con mi hermanita menor, para intentar comenzar una nueva vida desde cero. Desafortunadamente, entrando al Aeropuerto Internacional de Miami, detuvieron a mi madre y estuvo de nuevo en la cárcel por cinco meses. Su caso se solucionó rápido, gracias a la efectiva labor de los mejores abogados de la ciudad, que estuvieron prestos para acelerar el proceso.

De un momento a otro quedé como responsable de la niña, con el corazón angustiado por la situación de mi madre y una adicción a las pastillas para la ansiedad que me mantenía en un estado latente. Sin embargo, Dios nunca me soltó. Puede parecer que todo a mi alrededor se viera gris, pero su amor corrió a abrazarme y sus lazos de amor me rodearon una vez más. Una amiga que conocí me regaló un libro de oración. Cada palabra de esas páginas parecía tallarse en mi corazón, Repetirlas trajo vida a mi mente y la valentía para dejar los medicamentos. Comencé a apoyarme en los versículos bíblicos que encontraba. Jesús estaba tocando a mi puerta y aún con miedo, la empecé a abrir.

Dios nunca me soltó. Puede parecer que todo a mi alrededor se viera gris, pero su amor corrió a abrazarme y sus lazos de amor me rodearon una vez más.

Mientras estaba al cuidado de mi hermanita en Miami, me notificaron que mi madre había sido trasladada al estado de California. Este incidente me ayudó a dejar las pastillas para la ansiedad, puesto que una amiga me regaló un libro de oración. En el proceso de leer cada enseñanza y conectar con Dios, el Señor me ayudó a tener las fuerzas para dejarlas y empezar a apoyarme en los versículos bíblicos, sin saber que a partir de allí empezaría a tener una relación con Cristo.

Sé que cuando tenemos familiares que están conociendo el evangelio, tenemos tantas expectativas para que ellos cambien por completo, que fallamos en reconocer sus pequeños pasos. Si bien no fue hasta varios años después que realmente caminé de la mano de Dios, sí puedo decir que desde pequeña su amor estuvo conmigo guiando mis pasos, para que en los momentos más oscuros, encontrara una ayuda que me rescatara de diferentes destinos tenebrosos.

Al terminar el mes en Miami, tuve que viajar a Nueva York, pero por temor a que me detengan y experimentar lo que viví con mi madre, tomé un bus para llegar a dicha ciudad. Fueron muchas horas de viaje, en las que mi pequeña hermanita alegró a todos cantando y hablando con los pasajeros. Le decían «la cubanita» debido a sus largas conversaciones, todos estaban encantados con ella. Mientras tanto, yo observaba y podía ver el don que tenía para conectar con la gente, para sonreír y dar paz con su expresión e incluso, para hablar en público. Hoy, unas cuantas décadas después, forma parte de Free Chapel, una de las iglesias anglosajonas más grandes de Estados Unidos, siendo la cabeza del área hispana junto con su esposo y acompañando a cientos de inmigrantes a fortalecer su relación con Dios. La veo predicar y al instante, puedo recordar ese viaje. Definitivamente, los propósitos de Dios para nosotros están mucho antes de lo que podamos creer o imaginar.

... Aquel que es poderoso para hacer todas las cosas mucho más abundantemente de lo que pedimos o entendemos, según el poder que actúa en nosotros, a él sea gloria en la iglesia, en Cristo Jesús, por todas las edades, por los siglos de los siglos. Amén. *(Efesios 3:20-21)*

Al finalizar el viaje, nos quedamos con la tía que tiempo antes nos había albergado. Al día siguiente, me desperté feliz porque ya podíamos hablar con mi mamá por teléfono, pero no fue así. Desafortunadamente, mi tía no pagó el teléfono, a pesar de haberle dado el dinero para que lo hiciera, con el fin de no recibir llamadas desde la prisión.

Durante aquel tiempo, tuve que hacer largos viajes a la casa de otro familiar para poder conectar con mi madre. Me sentía tan triste por lo que estaba viviendo que perdí el apetito. Solo tomaba un batido de proteína diario, y esto causó que bajara de peso rápidamente. Estaba aterrada, había quedado a cargo de mi hermanita de tres años, mi tía tenía constantes charlas llenas de temor, ira y sosiego a causa de la situación de mi madre. Me encontraba en medio de una crisis nerviosa. Quería escapar, cerrar los ojos e imaginar que nada de lo que pasaba estaba realmente sucediendo, pero no fue así, incluso empeoró. Como consecuencia, tuve que aprender grandes lecciones en medio de la soledad, la angustia y el dolor.

Sin darme cuenta, me encontraba batallando contra la depresión y la ansiedad. Sus garras no solo estaban atacando mi mente, sino que estaban robándole la vida a mi cuerpo.

En medio de todo esto, el único escape que tenía era llevar a mi hermanita a las tiendas y comprarle lo que se le antojara. Fue un momento de mucha soledad y lágrimas, también de mucha oración, porque no sabía qué pasaría con la situación de mi mamá. Tras un tiempo de espera, regresé a Colombia con mi hermanita, puesto que mi madre iba a ser deportada. Cuando nos reencontramos, fue un gran impacto verla deteriorada y delgada, pero también me dio mucha alegría de verla viva y poder abrazarla.

Recuerdo alzar los ojos y darle gracias a Dios, pues sentí que todas mis oraciones diarias fueron escuchadas.

Aquí, sucedió un cambio. Mi mamá volvió con su esposo, el papá de mi hermanita, y yo decidí hacer mi vida. Después de tener un par de relaciones sentimentales sin éxito, viajé a Estados Unidos y, en medio de mis paseos, conocí a un hombre de quien me enamoré. Desafortunadamente, él también estaba vinculado al narcotráfico. Sé que a lo mejor muchas personas piensen y se cuestionen cómo es que si ya había experimentado y vivido tantos horrores en ese mundo, estaba dispuesta a seguir en él. Sin embargo, creo que muchos no comprenden lo pestilente, envolvente y pesado que es el lazo del vicio y el dolor. Este mundo era todo lo que rodeaba a mi familia, por causa a la decisión de mi madre muchos años antes. Como consecuencia, se abrió la puerta a que un sinnúmero de circunstancias sucediera en la familia. Por supuesto, yo también tuve la opción de decidir y, aunque para ese entonces no lo entendía, años después, al tomar elecciones diferentes, mi vida y la de gran parte de mi familia, fue protegida.

No escondas de mí tu rostro en el día de mi angustia; inclina hacia mí tu oído; el día en que te invoco, respóndeme pronto.
(Salmos 102:2 LBLA)

Tras muchos viajes y cambios intempestivos, volví al país para terminar mi carrera de Administración de Empresas. Allí, empecé a salir con otro narcotraficante que andaba con quince hombres escoltándolo todo el tiempo. Me sentía en un estado de alerta constante. Era estresante ver a todos esos hombres armados que se turnaban para dormir y que lo escondían constantemente de cualquier persona. Yo sabía que no pertenecía a ese mundo. Me cuidaba de oír conversaciones que no debía. Sabía que ese no era mi lugar, pero aun así, permanecía en él, pues creía que no podía escapar del destino que tenía mi familia.

Una de las experiencias que más dolor me causó sucedió una noche en la que salí con varias de mis amigas. Un hombre comenzó a asediarnos y a perseguirnos para que saliéramos con él. Al encontrarse con nuestra negativa, nos siguió hasta la casa y trató de entrar por la fuerza. Cuando mi pareja se enteró, envió a sus hombres a encontrarlo y, por ese incidente, a los pocos días, lo mataron. Esa muerte quedó marcada en mi mente. Aunque no lo hice, me sentí culpable por mucho tiempo por estar en ese ambiente.

Luego de esa situación, decidí calmar la angustia de mi mente averiguando quién era ese hombre. Me enteré de que su mamá era muy pobre y de mucha necesidad, ya que su hijo era quien tenía a cargo los gastos de la casa. Pronto, tomé la decisión de llevarle un mercado grande junto con una suma de dinero. La mamá del difunto, sabiendo que su hijo había sido asesinado, lo recibió debido a su pobreza y humildad. Su gesto marcó mi corazón, porque vi cómo a pesar de las circunstancias vividas pudo recibir ayuda y estuvo dispuesta a tomar mi mano, aun en medio de todo lo que había pasado.

En esta temporada conocí a muchos enemigos, entre ellos, la depresión. Según el Instituto de Sanimetría y Evaluación Sanitaria, Global Health Data Exchange (GHDx), la depresión es una enfermedad frecuente en todo el mundo, pues se estima que afecta a un 3,8 % de la población, incluidos un 5 % de los adultos y un 5,7 % de los adultos de más de sesenta años. A escala mundial, aproximadamente 280 millones de personas tienen depresión.[1] Estas son unas cifras escalofriantes que se han vuelto pesadas cadenas de opresión sin distinguir sexo, edad, nacionalidad o posición económica.

Si hay algo relevante para rescatar en esta historia es la necesidad y humildad para recibir ayuda cuando más la necesitamos.

Es vital identificar ese instante en el que debemos abrir nuestros brazos y abrazar a las personas que han pasado por estos procesos y que tienen herramientas para ayudarnos. En mi caso, el libro de oraciones que recibí fue un ancla para mi alma en un momento decisivo. La Palabra de Dios trae sanidad, no solo a tu cuerpo, sino también a las heridas más profundas de tu corazón.

La Palabra de Dios trae

sanidad,

no solo a tu cuerpo, sino

también a las heridas más

profundas de tu corazón.

Cuestionario:

Depresión

1. ¿Has tenido momentos de profunda tristeza, e incluso depresión?

2. ¿Consideras que es importante pedir ayuda?

3. ¿Qué hábitos tienes cada día para fortalecer tu sistema emocional?

4. Escribe una oración en la que le pidas a Dios que te rodee de personas sabias, llenas de amor y que fortalezca tus vínculos con amistades edificantes.

5. ¿Qué piensas del siguiente versículo?

El Señor dirige los pasos del hombre y lo pone en el camino que a él le agrada; aun cuando caiga, no quedará caído, porque el Señor lo tiene de la mano. (Salmos 37:23-24 DHH)

Capítulo 5

No quiero volver a vivirlo, quisiera volver a nacer

Mientras me encontraba con mi corazón enredado con tantas situaciones de muerte y dolor, mi hermana abrió un almacén de ropa. Yo viajaba y le surtía su *boutique* con diferentes prendas que vendía a buen precio. En el proceso, su hogar atravesaba por varios retos. Su esposo había dejado de verla igual, luego de dar a luz a su primera hija, por lo que comenzó a serle infiel con mujeres más jóvenes que ella. Cuando la veía sufrir, me dolía muchísimo. Ella era muy importante para mí y verla pasar por eso me llenaba de dolor. Recuerdo un día en el que fuimos con dos de los guardaespaldas a buscar a la amante de su marido. Le pedimos que fuera por la tarde a la oficina en donde organizamos una confrontación junto a su esposo. Debido a ello, el hombre me comenzó a ver como su enemiga y cada vez que tenía oportunidad, me insultaba y amenazaba con mandarme a matar. Era extraño, yo no sentía miedo, estaba tranquila y, aunque evitaba verlo, no me sentía intimidada.

A raíz de todos estos acontecimientos, mi hermana decidió separarse y comenzó a salir con el hijo de un narcotraficante muy reconocido y hasta nombrado en varios libros que reseñan la historia del narcotráfico en Colombia. Nuevamente, mi madre se opuso a esa relación, pues conocía ese mundo y sabía lo que se movía a su alrededor. Sin embargo, no le importó. Por un tiempo todo fue normal. El novio de mi hermana habló con su ex y permitió esa relación solo con una condición: que nunca la fuera a maltratar.

Mi hermana organizó un matrimonio rápido, puesto que estaba embarazada de su segundo hijo. Al mes de su parto, realizó un viaje a Europa y Medio Oriente y dejó al niño con el personal de servicio. Por mi parte, decidí estar pendiente de ambos niños, recordando que mi niñez fue igual y que los patrones se estaban repitiendo vez tras vez.

Durante ese mismo año, recibí una llamada de emergencia. Habían herido de bala al primer esposo de mi hermana. Me dirigí de inmediato a la clínica y tuve la oportunidad de ayudarle en un momento importante. Desde ese día, me convertí de nuevo en su amiga.

Siempre he sido una mujer llena de amor y sensible a las necesidades de los demás. A pesar de todas las amenazas y problemas que habíamos tenido, sabía que estaba en necesidad y quería serle útil.

Debido a esa cercanía, fuimos a vivir a una de sus casas. Era un lugar grande y lujoso, tenía múltiples cuartos, jardines y espacios de entretenimiento. Allí habían tenido lugar múltiples transacciones relacionadas con las drogas y los delitos, por lo que el ambiente era pesado y lleno de manifestaciones extrañas. Recuerdo una vez en el que sentí un suspiro en mi oído. Automáticamente, sentí en mi corazón la certeza de que el dueño anterior de la casa, que además era conocido de nuestra familia, iba a fallecer. Al otro día, nos enteramos que una hora después de haber experimentado esa sensación, el hombre había muerto. Mientras tanto, el hogar de mi hermana estaba pasando por un mal momento. Su esposo se había vuelto adicto, y la violencia y el maltrato estaban afectando constantemente su relación. No obstante, ella pidió que no habláramos al respecto, puesto que temía lo que su expareja podría hacer.

Los acompañé a un sitio de rehabilitación para drogadictos. Nunca olvidaré su mirada y el adiós de mi cuñado cuando salió del carro. Él se había convertido en un buen amigo y siempre escuchaba mis consejos. Estuvo internado un mes y salió más consciente de no consumir drogas. Las drogas son como una serpiente, muchas personas creen que dan beneficios, que calman el dolor, que dan dinero fácil; pero la verdad es que son una víbora peligrosamente tóxica que cuando menos lo esperas, ataca y desangra a quien se cree su amigo. Qué crudeza ver que este hombre que movía tanto dinero gracias al narcotráfico, estaba encadenado a una vida de podredumbre y adicción por causa del mismo.

El dinero mal habido es así, te da beneficios por un tiempo y, luego, te cobra todo lo que te dio y aún más.

Ahora que lo pienso, fue curioso, porque si bien no quería involucrarme de más en ese mundo, estuve rodeada de él y enfrenté múltiples situaciones. Meses más tarde, recibí una llamada en la cual me informaron que el primer esposo de mi hermana había sido asesinado. Debido a que no tenía a nadie que estuviera dispuesto a hacer las diligencias de su muerte, tuve que hacerlo yo. Recuerdo claramente cuando tuve que reconocerlo. Me acerqué a la camilla, vi su cuerpo, su expresión, el frío que desprendía aquel lugar y comprendí que tanto poder y dinero no nos distinguen en un momento como ese. Sentí dolor por mi sobrinita, su hija, puesto que se quedaba sin el amor de su padre, que a pesar de ser quien era, la amaba profundamente.

Para la muerte, todos somos iguales. La diferencia es que al encontrar vida en Jesús, morir es solo la entrada a la vida más hermosa que podamos experimentar.

A los días de enterrarlo, fueron a buscarme para hablar con mi mamá y conmigo. Nos pidieron que mi hermana entregara todas las propiedades, ya que todo le pertenecía a un reconocido cartel, al que él le debía dinero. Afortunadamente, tuve la valentía para negociar. Y así la ayudé a mi hermana a resolver la situación y poder brindarle algunas soluciones para su bien.

Muchas veces creemos que podemos gobernar el mal. Asumimos que una conversación coqueta no hará daño en el matrimonio, que una probada de un narcótico «por entretenimiento» acabará en una noche de alegría.

Incluso, podemos tentar el destino jugando a la ruleta rusa, entregando nuestro corazón al mejor postor, esperando que alguno de esos furtivos amantes valore quien realmente somos;

no obstante, no nos damos cuenta de que en realidad estamos abriendo la puerta a pestes de maldad y dolor para nuestras generaciones.

En mi casa, todas vivíamos una relación tras otra, crecimos y nos desenvolvimos en el mundo de las adicciones, aunque no éramos adictas, puesto que no consumíamos ningún polvo blanco ni fumábamos yerba en un papel; no obstante, sí teníamos una dependencia tóxica. En lo personal, pasaba de una relación a otra, tratando de encontrar un amor que me llenara y valorara, y no sucedió. Ese era mi dolor, mi enfermedad y, por lo tanto, el lugar que vino a ocupar Jesús.

En ese tiempo, tuve una relación con un hombre judío que me había pretendido hacía tiempo. Él me llenaba de palabras bonitas, le gustaba cuidarme y hacerme sentir bien. Por mi parte, no estaba tan entusiasmada. Si bien sabía que era un hombre de negocios y que le gustaba estar pendiente de mí, dudé mucho antes de comenzar esa relación, pero accedí porque mi madre me insistió por mucho tiempo. Era un hombre solitario. Tenía una relación conmigo y con otra mujer, nos tuvo a las dos por mucho tiempo. Hoy en día me cuesta entender cómo permití que esto sucediera, pero en ese momento no sentía que fuera un problema. Yo estaba feliz con compartir con alguien que me amara, aun si esa persona decía amar a otras mujeres.

Para ese entonces, realicé un viaje a Madrid, España para pasar un tiempo de vacaciones junto con mi hermana.

Ellos se habían mudado debido a los negocios ya conocidos de su esposo. Disfruté España, compartimos y conocimos mucho. También la pasábamos de fiesta en fiesta y coleccionamos momentos llenos de ostentosidad y diversión.

Al llegar del viaje, quedé embarazada del hombre judío. Nuevamente, me sentí confundida y a la expectativa. Era mi segundo embarazo, luego de lo que me había sucedido con el abogado cuando me obligó a abortar. Sentía el poder de la vida dentro de mí y, al contarle a mi pareja, su rostro se tornó gris y apesadumbrado. Me sorprendí, ya que no esperaba esa respuesta. Me dijo que si tenía un bebé con una mujer no judía, sus padres lo desheredarían y que él no quería renunciar a su fortuna.

Sentí que el mundo se derrumbaba a mis pies. Estaba a punto de graduarme de la universidad y de nuevo me encontraba tratando de decidir si tener o no esta vida que Dios ponía en mis manos. Sucedió que en una salida con la familia, mientras dábamos una vuelta en un carrito de golf, por tratar de evitar un accidente mayor, debido a que mi hermana tenía la pierna apretada con otro de esos carritos, me bajé y lo jalé muy fuerte. Ese día, debido a la fuerza descomunal que hice para poder ayudarla, comencé a sangrar de manera desmesurada. Al llegar al hospital, me tuvieron que intervenir. Nuevamente me hicieron un legrado y perdí a mi bebé.

Llamé al padre de mi hijo y le dejé saber lo que me había pasado. No lo volví a ver por mucho tiempo, pues estaba muy dolida con él por la actitud que había tomado al respecto. Había rechazado a mi bebé al saber de su existencia, y el perderlo incrementó el dolor y la frustración que sentía.

Recuerdo la historia de Eliana, una mujer joven con tres hijas y dos abortos. Sus ojos llorosos confesaban con temor las palabras de un sacerdote que, al enterarse que había abortado, le dijo que tenía un cementerio en su vientre. Si has sido víctima de señalamientos como estos, quiero que sepas que este no es el corazón del Padre.

Conozco de muchas mujeres que han pasado por abortos espontáneos o incluso, inducidos conscientemente. Sé que es un tema que poco se habla públicamente, ya que entiendo la vergüenza y el dolor que nos causa saber que había una vida que dependía de nosotras y que, por una u otra razón, ya no está.

Afortunadamente, tenemos a un Dios que si bien sabe todo lo que vivimos, nos perdonó y nos dio una segunda oportunidad.

Yo, yo soy el que borro tus transgresiones por amor a mí mismo, y no recordaré tus pecados. *(Isaías 43:25 LBLA)*

No hay pecado que su amor no pueda perdonar. No hay falta que nos impida recibir su misericordia. Entiendo las veces que nos hemos cuestionado y juzgado por nuestras decisiones, pero es necesario reconocer y vernos a través de los ojos amorosos de Jesús. Él nos ama, su amor está a nuestro alrededor llenando nuestros días.

Pues para que ustedes sepan que el Hijo del Hombre tiene autoridad en la tierra para perdonar pecados, entonces éste le dice al paralítico: "Levántate, toma tu camilla, y vete a tu casa". *(Mateo 9:6 RVC)*

Es tiempo de aceptar el perdón de Dios y tomar el paso de perdonarnos. Si nunca lo has hecho, si crees que tu pecado es tan grande que no hay vuelta atrás, me gustaría animarte a que leyéramos juntos lo que dice la Biblia en Juan 3:16:

«Porque de tal manera amó Dios al mundo, que ha dado a su Hijo unigénito, para que todo aquel que en él cree, no se pierda, mas tenga vida eterna».

De tal manera te amó Dios, que dio su vida por ti. Él sabía que tu vida fue guiada según tu criterio y tu conocimiento. Él sabía que estabas lleno de dolor y de pecado; aun así te amó y envió a su Hijo Jesús por tu rescate.

Aun estando nosotros muertos en pecados, nos dio vida juntamente con Cristo (por gracia sois salvos), y juntamente con él nos resucitó, y asimismo nos hizo sentar en los lugares celestiales con Cristo Jesús. *(Efesios 2:5-6)*

No tienes que ser perfecto para ser amado, ni tienes que cambiar antes de abrazar el amor de Dios. Él sabe por lo que estás pasando y aun así te ama irremediablemente.

Sé que el dolor del pasado parece quitar el sentido al presente, pero deja que Dios transforme tus tiempos y te dé un mejor futuro.

A mí me pasaba que al ver tanto dolor a mi alrededor, quería nacer de nuevo. Necesitaba empezar de cero y buscar la manera de tener una nueva vida sin pasar por todo lo que estaba viviendo. Afortunadamente, Dios me enseñó que sí era posible.

> ***Respondió Jesús y le dijo: De cierto, de cierto te digo, que el que no naciere de nuevo, no puede ver el reino de Dios. Nicodemo le dijo: ¿Cómo puede un hombre nacer siendo viejo? ¿Puede acaso entrar por segunda vez en el vientre de su madre, y nacer? Respondió Jesús: De cierto, de cierto te digo, que el que no naciere de agua y del Espíritu, no puede entrar en el reino de Dios. Lo que es nacido de la carne, carne es; y lo que es nacido del Espíritu, espíritu es.*** *(Juan 3:3-6)*

Yo, al igual que Nicodemo, le pregunté a Jesús cómo nacer de nuevo. Él me explicó que desde el espíritu, mi vida podría tener un nuevo comienzo. Te preguntas cómo es posible, bueno, sigamos leyendo:

Mas ¿qué dice? Cerca de ti está la palabra, en tu boca y en tu corazón. Esta es la palabra de fe que predicamos: que si confesares con tu boca que Jesús es el Señor, y creyeres en tu corazón que Dios le levantó de los muertos, serás salvo. Porque con el corazón se cree para justicia, pero con la boca se confiesa para salvación. *(Romanos 10:8-10)*

Es tiempo de marcar tu vida con un antes y un después de Cristo. Si estás dispuesto, oremos juntos:

Señor, perdona todos mis pecados. He fallado y he vivido a mi manera. Las consecuencias de mis decisiones me han llevado a lugares de dolor y tristeza constantes. Perdóname, confieso que Jesús es mi Señor y creo que tú me salvas. Quiero tener una relación contigo y aprender a verme como tú me ves.
En el nombre de tu Hijo amado, Jesucristo.

Amén.

Para la muerte, todos somos iguales. La diferencia es que al encontrar vida en Jesús,

morir es solo la entrada a la vida

más hermosa que podamos experimentar.

Cuestionario:

Nuevo nacimiento

1. ¿Cómo consideras que cambiará tu vida al dejar que Dios la dirija?

2. ¿Cómo puedes fortalecer tu relación con Él? ¿Qué hábitos diarios implementarás para conectar con el amor de Dios?

Escribe una oración en la que le pidas a Dios que te guíe en esta nueva temporada a su lado.

¿Qué piensas del siguiente versículo?

Mas vosotros no vivís según la carne, sino según el Espíritu, si es que el Espíritu de Dios mora en vosotros. Y si alguno no tiene el Espíritu de Cristo, no es de él. (Romanos 8:9)

Capítulo 6

La sombra de lo oculto

El dolor que dejó la pérdida de mi segundo bebé me afectó gravemente, pero traté de seguir con mi vida. En una de las sesiones durante las prácticas en la universidad, una amiga se me acercó y me comentó lo triste que me veía. Me sugirió que visitara a un famoso doctor bioenergético que, según ella, tendría la ayuda para mi dolor.

Así lo hice. Tuve una regresión en donde reviví el abuso que había sufrido de niña y varios incidentes de mi pasado. El doctor me recomendó que se lo contara a mi madre y, aunque hacerlo me causaba terror, lo logré. En ese tiempo, mi mamá y mi hermana también se vieron con él. Creo que todas buscábamos en cualquier espacio un poquito de sanidad para lo que estábamos experimentando a diario.

Debemos cuidar mucho nuestro corazón en momentos de crisis. A veces, creemos que cualquiera tiene la respuesta y se nos olvida que la verdadera salida se llama Jesús.

Pasado un tiempo, fuimos las tres, acompañadas de una amiga vidente, a explorar la sanidad del alma de la mano de un doctor que profesaba la sanidad interior. Fueron unos días de transformación, al igual que antes. El ambiente no me era tan ajeno, pues de alguna manera sentía desde pequeña que el mundo espiritual era real y que en él se movían muchas manifestaciones.

Una de las tardes del evento, fuimos a un río para recibir una terapia y allí me di cuenta de que mi mamá había rechazado a mi hermana en su embarazo varias veces, llegando incluso a tener varios intentos de aborto. Durante la sesión, no solo fui asistente, sino que las circunstancias se dieron para ayudar a varias mujeres que habían cometido abortos voluntarios e involuntarios, a perdonarse. Gracias a esa experiencia, el doctor se me acercó y me dijo que tenía un don de discernimiento espiritual y me pidió que cada vez que fuera a atender a mi hermana, estuviera presente. Recuerdo que me mencionó varias necesidades espirituales que había en mi familia. También me enseñó el poder del ayuno, la declaración de la palabra y unas cuantas herramientas adicionales. Yo no entendía nada, todo lo contrario, me causaba algo de temor; no obstante, estaba en la búsqueda de sanar y anhelaba un cambio en mi vida y en la de mi familia.

Mientras callé, se envejecieron mis huesos
En mi gemir todo el día.
Porque de día y de noche se agravó sobre mí tu mano;
Se volvió mi verdor en sequedades de verano. Selah
(Salmos 32:3-4)

El doctor le dio unas terapias a mi mamá, quien logró sanarse por completo de la artritis. Asimismo, le pidió una reunión con sus hijas para que nos pidiera perdón por sus errores, y nosotras también por los nuestros. Nos perdonamos, nos abrazamos las tres y desde allí empezamos una relación mejor.

Si ustedes perdonan a los otros sus ofensas, también su Padre celestial los perdonará a ustedes. Pero si ustedes no perdonan a los otros sus ofensas, tampoco el Padre de ustedes les perdonará sus ofensas.
(Mateo 6:14-15 RVC)

Luego de este proceso de sanidad interior, tenía un sentimiento de culpa por haber estado lejos de mi papá y también por lo lejana que había sido nuestra relación; por esta razón, le propuse un negocio en el cual podría comercializar gel para adelgazar, y él aceptó. Sin el consentimiento de mi madre, le ayudé a crear una distribuidora; pero, desafortunadamente, sus malos manejos nos llevaron a perder la inversión y con ello, la confianza que tenía en él. Durante un tiempo, dudé en volver ayudar a los demás, ya que sentía que fácilmente sería traicionada. Por suerte, con el tiempo aprendí que uno no necesariamente cosecha en el mismo lugar donde siembra y que cuando hacemos las cosas para Dios, Él se encarga de nuestra semilla.

Con el tiempo aprendí que uno no necesariamente cosecha en el mismo lugar donde siembra y que cuando hacemos las cosas para Dios, Él se encarga de nuestra semilla.

Y todo lo que hagáis, hacedlo de corazón, como para el Señor y no para los hombres; sabiendo que del Señor recibiréis la recompensa de la herencia, porque a Cristo el Señor servís.
(Colosenses 3:23-24)

Al mismo tiempo, mi hermana seguía con su vida. Era una mujer hermosa y admirada. Para ese entonces, el novio de una famosa modelo colombiana se fijó en ella. Coquetearon un tiempo y cuando su esposo se enteró, le reclamó. Armó un gran problema e incluso llegó a maltratarla. Mientras esto sucedía, recuerdo que una valentía se apoderó de mí. Traté de defenderla y logré controlarlo. Ya estaba acostumbrada, a pesar de ser tan pequeña, a enfrentarme a los gigantes sin violencia. Lo calmé y me senté con él. Pudimos hablar y se dejó aconsejar, por lo que tomó la decisión de separarse por un tiempo.

Pocos días después de este incidente, recibí la noticia sobre la muerte de mi cuñado a causa de un accidente. Me sentí devastada, me dolía ver cómo mi hermana quedaba viuda por segunda vez, a la edad de veintiocho años y con dos hijos.

Su muerte fue horrible. Mi hermana y él estaban en medio de una discusión acalorada, cuando su esposo la golpeó. Al hacerlo, ella corrió al baño de la habitación de su hija. Mientras tanto, el hombre salió del lugar, tomó aire y volvió con un arma que colocó sobre la cabeza de ella tan pronto la encontró. Disparó el arma, pero el tiro se bloqueó y no salió. Anonadado por lo sucedido, comenzó a mover el arma para ver qué pasaba, mientras que de fondo mi hermana le suplicaba que no siguiera con la discusión y que le perdonara la vida. Debido a la rabia que le enceguecía, le puso el arma en el estómago y le disparó. Esta vez, ella se movió y esquivó la explosión. La bala se desvió hacia el espejo del baño y las esquirlas le cortaron la piel a mi cuñado. Debido a la cantidad de alcohol y drogas que había consumido, no supo distinguir lo que pasaba y asumió que se había disparado a sí mismo. En ese instante, mi hermana escapó hacia la calle. Al darse cuenta de que la sangre no paraba, el hombre salió corriendo del lugar, agarró su auto y se accidentó ferozmente a una corta distancia de su hogar.

Tras todo lo sucedido, mi hermana se sintió culpable y todo dejó de importarle. Se sumió en una burbuja en la que no podía salir de su estupor. Hubo un gran escándalo en la sociedad y la historia se repitió por segunda vez. Al morir el narcotraficante, los acreedores de otros carteles vinieron a quitarle todas sus posesiones y cobrar las deudas pendientes. Para ayudarla, viajé a las zonas desmilitarizadas del país. Me adentré en el monte para poder hablar con un amigo que se escondía de la ley y quien me ayudó para que mi hermana estuviera a salvo y que sus niños tuvieran una solvencia económica suficiente.

Es triste ver cómo se cometen errores tan grandes, cuando Dios no es el centro de nuestras vidas. Me duele ver cómo decisión tras decisión, mi hermana se sumía en mundos cada vez más oscuros.

Aun con todo esto, continué con mi carrera universitaria y, finalmente, me gradué. Me enorgullecía poder darle esa buena noticia a mi madre; sin embargo, ella estaba sumamente angustiada por mi hermana y sus pensamientos de dolor la atormentaban de día y de noche. Su condición fue empeorando y, una mañana, de la nada, explotó contra la persona que cuidaba a mi sobrina. Comenzó a gritar, se descontroló por completo, comenzó a darse golpes contra la pared del baño y no podía parar de hablar incoherencias. Estaba atravesando una gran crisis y tras verla, busqué apoyo en mi hermana, quien sin dudarlo se marchó diciendo que tenía un viaje urgente, por lo que me dejó sola para enfrentar la situación.

Esa noche, el esposo de mi mamá y yo pasamos varias horas a su lado. Ella hablaba de su pasado, de cuando era niña, actuaba desorientada y lo único que se me ocurría era leerle los salmos y tratar de orar un poco. Sentía que, de alguna manera, eso la calmaba. Estuvo así por una semana y luego regresó a la normalidad. Este tiempo para mí fue eterno. Me dolía verla de esa manera, por lo que decidí llevarla al doctor. Su diagnóstico no fue muy esclarecedor, solo nos dijo que debido a la ira y al estrés que estaba pasando, su cerebro se había desconectado. Cuánto me hubiera gustado que en ese momento mi madre conociera a Jesús, ya que era el único que podría haberla ayudado de verdad.

> ***Venid a mí todos los que estáis trabajados y cargados, y yo os haré descansar. Llevad mi yugo sobre vosotros, y aprended de mí, que soy manso y humilde de corazón; y hallaréis descanso para vuestras almas; porque mi yugo es fácil, y ligera mi carga.***
> *(Mateo 11:28-30)*

Cuando mi mamá recuperó la conciencia, su preocupación siguió e, insistentemente, me pidió volver a Estados Unidos para averiguar la posibilidad de adquirir una residencia en dicho país. Su temor por la situación de mi hermana crecía cada vez más. Sentía en su corazón que tarde o temprano necesitaríamos salir del país huyendo, por lo que necesitaba que lo hiciera. Recuerdo pensar dentro de mí que solo iríamos de paseo. Para mí, vivir en este país no era una opción, sin embargo, le obedecí y traté de empezar la gestión.

Al hablar con unos abogados, me recomendaron comenzar a tramitar la solicitud para la residencia. A los dos meses de estar en Nueva York, recibí una llamada de un buen amigo, el mismo que me había ayudado a negociar la entrega de los bienes de mi hermana, y me dijo muy preocupado que era mejor que regresara para ayudar a salir a mi hermana del país. Según sus palabras, su vida corría peligro. Comprendí de inmediato que esa llamada era un aviso urgente, porque algo malo se estaba planeando. Regresé sin demoras. En mis comunicaciones con ella, le dije que tenía que vender la casa y salir de allí lo más pronto posible, por lo que en pocos meses alistó su mudanza. Viajó a Miami y me dejó a los niños. La idea era que en unas pocas semanas se acomodara y nos pidiera reunirse con ellos, pero, desafortunadamente, no fue así. Si bien nosotros amábamos estar con ellos y disfrutamos cada día a su lado, pasaron meses sin que ella se comunicara. Al averiguar lo que sucedía, nos enteramos de que estaba vinculada a la vida de la farándula, la fama y el dinero, por lo que había evitado tramitar los papeles de sus hijos.

Al llegar a Estados Unidos, mi hermana se vinculó emocionalmente a un cantante muy famoso y reconocido internacionalmente. Fueron tiempos de desorden, dinero, fiestas y perdición. En ese ambiente, se rodeó de amistades nocivas y una de ellas le propuso acercarse a la santería. Luego de esto, supe que se encerró con un experto de las artes oscuras para aprender los rituales de este campo y, después de ello, su vida cambió aún más. Cuando nos volvimos a encontrar, la vi diferente, era otra mujer. Nunca pude volver a verla de la misma manera. Su presencia me intimidaba, aun sin saber el camino oscuro por el que transitaba.

Recuerdo mi sorpresa al verla. Supe entonces que ella dormía vestida de blanco, que cargaba sobre su cuello varios collares de colores y que se había rapado la coronilla de su cabeza, puesto que, según ellos, esa era la entrada del santo en el momento de los rituales.

Cuando volví a Colombia acompañada de mi hermana, agilizamos los trámites para la salida del país de mis sobrinos. En una de esas noches, recuerdo tener una horrible visión de una llave abierta con sangre corriendo a borbotones. Al ver mi inquietud, mi madre y yo fuimos a ver que sucedía con mi hermana y nos dimos cuenta de que estaba realizando rituales de santería en casa. Ella comenzó a angustiarse en extremo, mas yo traté de calmarla diciéndole que era algo pasajero, que no se preocupara. Por lo que trató de bajar la ansiedad y procuró estar menos angustiada.

Una de las peores consecuencias de no tener a Dios en nuestro corazón es transitar por los lugares a los que el dolor nos lleva.

Qué triste fue para mí ver la caída lenta pero segura que mi hermana tenía por delante con cada paso que daba. El mundo de las tinieblas es real, su camino se camufla y tiene rostros llamativos para quienes se dejan engañar. Para muchos puede tener cara de dinero fácil; para otros, de poder; algunos se dejan deslumbrar por la belleza; y otros, simplemente, por la atención y el morbo a lo desconocido.

Jesús le dijo: Yo soy el camino, y la verdad, y la vida; nadie viene al Padre, sino por mí. *(Juan 14:6)*

La Biblia dice que el único camino es Jesús. Por eso te animo a buscarle. Llegar a Él no solo traerá estabilidad a tu vida, sino que te dará a conocer un propósito eterno. Aprenderás a vivir no solo por instintos, sino por medio de su guía y bondad, las cuales te llevarán a un camino seguro.

Debemos cuidar mucho nuestro corazón en momentos de crisis. A veces, creemos que cualquiera tiene la respuesta y se nos olvida que

la verdadera salida se llama Jesús.

Cuestionario:

Propósito

1. ¿Crees que tu vida tiene un propósito?

2. ¿Cómo conectas tus cualidades a ese propósito que Dios te ha dado?

3. ¿Cómo puedes desarrollar tu llamado para ayudar a más personas?

4. Escribe una oración en la que le pidas a Dios que te revele su propósito para tu vida. Cuéntale cuáles son tus sueños.

¿Qué piensas del siguiente versículo?

Y sabemos que a los que aman a Dios, todas las cosas les ayudan a bien, esto es, a los que conforme a su propósito son llamados.
(Romanos 8:28)

Capítulo 7

Encuentro con la muerte

La noche en la que vimos a mi hermana practicar rituales de santería en casa fue espeluznante. Nos sentamos las tres a conversar al respecto, pero ella no hacía más que justificar lo que hacía. De hecho, recuerdo claramente sus ojos llorosos y la ansiedad al compartirnos que un santero le había dicho que la persona que la había engendrado moriría.

Mi hermana estaba convencida de que papá era quien estaba en peligro, así que lo llamé. Le pregunté cómo se encontraba y tras una rápida pesquisa, supimos que todo estaba bien. Esos días en casa fueron aterradores. Se sentía un ambiente tenso y lúgubre, casi que podía respirar la pesadumbre espiritual que nos rodeaba. A causa de esto, dormí unos días en la casa de unos familiares. Mi madre nos contó que tuvo pesadillas seguidas en las que veía calaveras y signos de muerte. No nos dábamos cuenta, pero de alguna manera, nos rodeaban señales de lo que sucedería y no pudimos leerlas. Ese día, mi vida cambió nuevamente.

Alrededor de las 2:00 p. m., mi mamá salió en el carro que le había asignado a mi hermana durante el viaje. Nunca entendimos por qué tomó tal decisión, ya que agarró un auto que normalmente no tomaría. Nos dijo que regresaría para compartir con nosotras durante la tarde. Mi hermana y yo salimos de la casa en el otro carro.

A las 2:30 p. m., nos encontramos a mi mamá en una de las avenidas cercanas a la casa y quise irme con ella para acompañarla, pero mi hermana se molestó y me dijo que la dejara ir sola, que podríamos vernos de nuevo al llegar al hogar. Debido a la forma en que mi hermana me habló, decidí irme sola en un taxi. Tenía una cita en donde me volví a encontrar con mi madre. Nos hablamos rápidamente, concretamos vernos más tarde y nos despedimos.

Esa fue la última vez que la vi con vida. A las 3:00 p. m. del 28 de septiembre de 1999, fue asesinada debido a un atentado.

Sin saber de la muerte de mi mamá, llegué en taxi a la casa y me extrañé al ver que no estaban los carros, y los vecinos me miraban por las ventanas. De inmediato, salió alguien del personal de servicio y me dijo que mi mamá había sido víctima de un atentado, que el disparo le había dado en el pie y que no era nada grave. Rápidamente, di la vuelta y me fui a la clínica, mientras oraba con fervor el padrenuestro. Le pedía a Dios con todas mis fuerzas que mi madre saliera rápido de esto y que todo estuviera bien.

En la entrada de la clínica me encontré a mi hermana. Salió a mi encuentro con su rostro desencajado, una angustia en todo su cuerpo y completamente transformada. Se me acercó en medio de un llanto incontenible, me tomó de los brazos y me sacudió diciendo: «¡Mataron a mamá! ¡Mataron a mamá!».

Sentí como si un golpe frío y contundente me diera en el rostro y me quedé sin aire. La clínica se me tornó de un color gris, mis manos se pusieron heladas y sentí que me iba a desmayar. Entonces, fui corriendo a la capilla del lugar. Quería estar lejos de todo, necesitaba refugio y consuelo, mientras miles de dudas y sentimientos asaltaban mi mente.

Busqué un paraje privado luego de oír que mi madre había muerto.

Necesitaba orar. Trataba de encontrar la protección del Señor, buscaba la sombra de sus alas, para hallar reposo a mi alma y consuelo a mi espíritu.

Fue desgarrador para mí entender que la historia de la familia se repetía nuevamente. Así como habían asesinado a mi tío abuelo, en lugar de mi abuelo, también le habían arrebatado la vida a mi madre, creyendo que era mi hermana.

Mientras se llevaba a cabo el proceso de la entrega del cuerpo, se nos acercaron varios detectives a preguntar por lo sucedido. Yo no estaba en condiciones de hablar con nadie, por lo que fui a casa de una tía a llorar, además de que no sabía cómo iba a contarles a mis sobrinos y mi hermanita menor lo que estaba pasando.

Transcurrieron las horas y la inevitable cita con la despedida de mi madre llegó. Mientras me preparaba para la velación del cuerpo, recibí una llamada de unos conocidos en México. Las noticias corrían rápidamente y ya se les había informado a los carteles de lo sucedido. Al contestar el teléfono, el mensaje fue cortante y directo: «¡Aléjese de su hermana! Su vida corre peligro». Me pidieron con insistencia que no me acercara a mi hermana. Según ellos, el objetivo del asesinato era ella, todo había sido una equivocación y quienes mataron a mi madre se habían confundido por el cambio de autos que había tenido lugar durante aquella mañana.

Sé que la muerte no es una compañera amable, todos la hemos sufrido y, ese día, la detesté.

Ver el cajón que llevaba a mi madre y amiga me hizo sentir impotente y desamparada. Aunque toda la familia estaba con nosotros, tuve que estar pendiente de varios detalles de su funeral. Me sentía devastada. Percibía que cada minuto pasaba en cámara lenta, escuchaba las frases de consolación que varios conocidos y amigos me decían, pero ninguna traía paz a mi mente.

Durante la velación del cuerpo en la capilla, mi hermana tuvo que ausentarse a causa de una cita con la embajada. Mientras estábamos orando, un escalofrío recorrió mi espalda. Alcé mis ojos y crucé la mirada con un hombre vestido de negro, cuya mirada era dura y sin vida. Sus manos estaban en los bolsillos, pero aun así, distinguí con claridad un arma. Agarré con fuerza el brazo del papá de mi hermana menor, levanté con seguridad mi rostro y le sostuve la mirada. Él se movió, dio unas vueltas más al lugar y se fue. Al conversar con el personal de seguridad, nos contaron que había llegado unos minutos antes, estaba buscando entre los asistentes a alguien y al verme, se quedó observando.

Venía por mi hermana y, durante una pequeña fracción de tiempo, debido a nuestro parecido, dudó de si era ella o yo.

> ***Y el Señor me librará de toda obra mala, y me preservará para su reino celestial. A él sea gloria por los siglos de los siglos. Amén.*** *(2 Timoteo 4:18)*

Tras el entierro de mi madre, nuestra casa estaba custodiada, pero aun así, había mucho movimiento perturbador cerca de nosotras. Nos rodeaban autos sin placa, motorizados que se quedaban viendo quién salía y entraba de la casa. Todo esto sucedía porque la mafia aún quería terminar la tarea que había empezado. Por esta razón, nos unimos como familia e hicimos lo que fuera necesario para salvaguardar la vida de mi hermana y la de mis sobrinos.

Una de las noches, tuvimos que sacar a los niños escondiéndolos en un carro. Huimos a otra ciudad, mientras acelerábamos el proceso de la salida del país de la familia de mi hermana. Recuerdo mis nervios al hacer todo el movimiento, la manera en la que ellos me miraban y se movían de acuerdo con lo que les decía. Yo sabía que teníamos poco tiempo para movernos y, por ello, tomé el control para asegurarme de que todos estuvieran a salvo.

El dinero era inútil a la vista de todos estos problemas. Aunque podíamos tenerlo todo, no podíamos comprar la paz.

Luego de dejar a mis sobrinos con su mamá, mi hermana, regresé a casa. El papá de mi hermanita menor me pidió que me hiciera cargo de ella, que viviera a su lado y cuidara de sus necesidades. Sin pensarlo, dije que sí. Desde que ella nació, yo había estado pendiente de su vida, de sus primeros pasos, de sus retos y logros. Se había convertido en una hija para mí, y en ningún momento dudé de estar a su cargo.

Más adelante, viajamos a Estados Unidos a pasar tiempo con mi hermana y sus hijos. Tratamos de reconstruir nuestras vidas, queríamos ayudar a los niños a fortalecerse y salir adelante. También le pedí a mi amada hermana que se fuera de la ciudad en donde vivía, ya que quienes querían asesinarla sabían de su paradero, por lo tanto, lo mejor para ella era mudarse a otra ciudad.

Ella aceptó. Partió para Nueva York y decidió comenzar de nuevo. Le ayudé con la mudanza y quedó organizada con sus hijos en un apartamento en esa nueva ciudad. Recuerdo decirle que tenía que aprender a trabajar, porque el dinero que tenía se estaba acabando y lo único con lo que contaba era con lo que mamá había dejado, pues lo de sus esposos le había sido arrebatado por las deudas y el cobro del narcotráfico. Yo sentía que ella aún no era consciente de todo lo que había sucedido y la enorme responsabilidad que tenía consigo misma y sus chiquillos. Aun así, traté de hablarle y pedirle que tuviera cuidado. La amaba y no quería que nada malo le sucediera.

Volví a Colombia y la responsabilidad de mi hermanita me conmovió. Quería ser un modelo para ella, pero no sabía cómo criarla, ni por dónde empezar a construir nuestra nueva vida juntas. Así que le pedí al Señor que me diera las fuerzas, que me ayudara a darle un hogar y una segunda oportunidad a nuestra familia.

Con la muerte de mi mamá y mi hermana radicada en otro país, me sentía sola. La familia estaba alejada y por ende el papá de mi hermanita también. En cuanto a mi vida sentimental, continué saliendo con el hombre judío. Sin embargo, un día decidí hablar con él de matrimonio porque estaba en un momento de mi vida donde necesitaba formar un hogar, ya que quería poder brindarle a mi hermanita una familia estable. Me contestó que le diera un año, que ahora no se iba a casar. Entendí que no era su prioridad, por lo que tomé la decisión de acabar con la relación.

Los momentos cruciales nos dejan comprender quiénes están a nuestro lado. Un adiós, aunque duela, abre las puertas a muchas posibilidades.

Aunque veía solo escombros y cenizas a mi alrededor, tenía esperanzas de reconstruir una nueva vida y edificar un mejor futuro para todos. Por mi personalidad fuerte y valiente, me sentía capaz de levantar a todos en mis propias fuerzas; no obstante, eso estaba a punto de cambiar y el segundo suceso trágico de nuestras vidas tocó la puerta.

Aunque veía solo escombros y

cenizas a mi alrededor,

tenía esperanzas de reconstruir

una nueva vida y

edificar un mejor futuro para todos.

Cuestionario:

Protección

1. ¿Cuál es tu recuerdo más doloroso y fuerte a lo largo de tu vida?

2. ¿Cómo fue tu experiencia con Dios en ese momento?

3. ¿Cómo has visto la mano de Dios en tu cotidianidad con el paso del tiempo?

Escribe una oración en la que le agradeces a Dios su protección para cada uno de tus días.

¿Qué piensas del siguiente versículo?

> *¡Cuán preciosa, oh Dios, es tu misericordia! Por eso los hijos de los hombres se amparan bajo la sombra de tus alas. (Salmos 36:7)*

Capítulo 8

La desaparición, una prueba de destrucción

La muerte es un visitante que, una vez que llega, cambia tu vida para siempre. Tras el asesinato de mi madre, caí en un vacío de desesperanza y dolor. Sentía que de alguna manera, todo lo que había construido se estaba desdibujando a causa del dolor y la soledad. Afortunadamente, en donde nosotros vemos ruinas, Dios ve una hoja en blanco.

Un año después de lo sucedido, conocí a un hombre que cambiaría mi vida. Yo estaba desilusionada, sin mayor luz acerca de qué camino tomar. Fue entonces cuando me crucé con un joven doce años menor que yo. Nunca pensé en tomarlo en serio, solo quería entretenerme y, de paso, vengarme de alguna manera de mi anterior pareja. Así que, sin pensarlo mucho, comenzamos a vivir juntos.

Reconozco que cuando conocí a este joven, fue refrescante escuchar su risa. Tenía una manera desenfadada de ver la vida, se le notaba tranquilo, sin mayor peso encima. Esto, si bien era agradable, también tenía su contraparte, puesto que aún no se había desarrollado económicamente. No tenía un trabajo estable y, por lo tanto, sus aportes eran bastante limitados.

Por desgracia, el aguijón que persiguió a las mujeres de mi familia, llegó. Un día recibí una llamada en la que la voz de una mujer joven me saludaba diciéndome que era su novia. De inmediato, cuestioné sus palabras. ¿Cómo iba a poder verla a ella si prácticamente compartíamos juntos todo el tiempo? Resultó ser una mujer que estudiaba en la universidad en otra ciudad, por lo que en sus «pequeñas y ocasionales» salidas, aprovechaba para verla. Él me pidió perdón, me dijo que no lo seguiría haciendo y yo, por no enfrentarme a la soledad de nuevo, elegí seguir a su lado.

Ese día, reconocí que no solo se puede ser adicto a las drogas o al alcohol, también podemos volvernos adictos a las personas y a las relaciones tóxicas.

Mi familia sí que había elegido la codependencia como el estilo de amor. Mi hermana, por su parte, no soportó vivir en Nueva York y regresó a Miami, en donde comenzó una relación secreta con el hermano de uno de sus exesposos: su cuñado y, de paso, un gran amigo mío. Al enterarme, no podía salir de mi estupor ¿Por qué seguía poniéndose en peligro? ¿Por qué elegía esas relaciones que solo traían dolor y angustia? Ella se sentía incapaz de salir adelante con sus hijos. No sabía trabajar y no tenía idea de cómo tener una vida sin que alguien le pagara por todo lo que necesitara, y esa fue justamente la oferta que recibió: un año de renta en la ciudad de su elección. Así que huyó a Florida.

El hombre prudente ve el peligro y se protege; el imprudente ciegamente avanza y sufre las consecuencias.
(Proverbios 22:3 NBV)

Por mi parte, viajé a Miami con mi hermanita para emprender una nueva vida. Traté de responder a mis compromisos adquiridos con mi hermana menor y los pendientes del país, cuando recibí una llamada de mi novio diciéndome que estaba en la cárcel por pendientes con inmigración. Sin dudarlo, pedí ayuda a los abogados que años antes habían solucionado el caso de mi madre. Ellos arreglaron sus papeles con un proceso de asilo. Fueron varios meses de angustia y dolor, por lo que me sentía desorientada, sin saber qué hacer. Iba a visitarlo a la cárcel cada fin de semana. Buscaba salidas a mi desesperación, pero no las encontraba. Para ese entonces, mi hermana programó un viaje intempestivo a México y me pidió que cuidara a sus hijos mientras estaba fuera.

Su viaje se extendió de un par de días a varias semanas y para nuestra sorpresa, ella no se reportó ni se comunicó. Mientras tanto, envíe a mi hermanita de Miami a Nueva York para continuar con sus estudios, puesto que la jornada educativa comenzaba durante esos días. Tomó el vuelo hacia Nueva York la fatídica mañana del 11 de septiembre. Luego de dejarla en el aeropuerto, todos los televisores se inundaron de las noticias sobre el ataque a las Torres Gemelas. Al ver los anuncios, mi corazón se angustió de manera indescriptible. Traté de comunicarme con las aerolíneas, pero todo estaba colapsado.

Por último, después de lágrimas, gritos y desesperación, descubrimos que su vuelo había sido desviado para Washington. Tras los primeros atentados, su avión, que estaba presto para llegar a la ciudad, fue movido a una ciudad cercana para salvaguardar la vida de los pasajeros. Mi reacción inmediata fue buscar a alguien que quisiera cuidar a mis sobrinos durante unos días para que yo pudiera tomar un bus e ir a buscarla. Fueron casi veinticuatro horas de viaje por carretera, ya que todas las vías aéreas estaban cerradas. Al encontrarme con ella, recuerdo el grito que di y lágrimas corrieron por nuestras mejillas. No podía sino agradecerle a Dios por haberla guardado y tenerla a salvo.

Para mi sorpresa, recibí una llamada. Al otro lado del teléfono estaba mi novio diciéndome que había salido de la cárcel, que buscáramos un apartamento para vivir los tres. Sin mayor espera lo hice. El espacio se veía enorme, pues el departamento no tenía nada de muebles, así que compramos unas colchonetas y dormimos en el piso. Empezamos poco a poco a organizar todo. Fuimos comprando lo necesario y, con el paso de los días, comenzamos a experimentar el calor de hogar. Fue en medio de este ambiente nuevo y diferente cuando un día, noté cambios en mi cuerpo. Decidí hacerme una prueba de embarazo y dio positiva.

No puedo negarlo, en ese momento me sentí aterrada. Lloré mucho. Temía que se repitiera lo que había vivido anteriormente y no sabía cómo enfrentar este nuevo reto. Aun así, tomé fuerzas y mi barriguita comenzó a crecer. Recuerdo sentir los primeros golpes en mi vientre, observar cambiar mi figura y verme con ojos diferentes. Fue un momento indescriptible en mi vida, y siempre he amado a mi hijo. Su padre también se involucró en el proceso, estaba contento de ser papá. Íbamos juntos a los controles y esperábamos con ansia la llegada del bebé.

Al nacer mi hijo, mi vida dio un giro radical. En lo práctico no sabía ni darle de comer, ni cambiar pañales ni nada al respecto. Me sentía ingresando a una academia de vida diferente, en la que cualquier decisión que tomara afectaría la vida de ese bebé precioso que tenía en mis manos, por lo que si antes era precavida, este gran paso me ayudó a poner los pies en el piso.

Por más difícil que sea, un hijo siempre es una bendición, es un regalo de Dios que trae nuevos retos y grandes ganancias.

Mientras me encontraba en esta nueva etapa, mi hermanita menor se convirtió en adolescente. Meses antes su padre había sido secuestrado y, aunque lo liberaron con el tiempo, este incidente causó grandes estragos en su desarrollo personal y psicológico. Aun así, yo la amaba como si fuera mi hija; al fin y al cabo, esa fue la promesa que le había hecho a mi madre desde su gestación. Sabía que mi responsabilidad era amarla, cuidarla, prepararla para la vida y asegurarme de que se convirtiera en una mujer madura y plena. Por otro lado, mi otra hermana, en medio de sus ímpetus y decisiones acaloradas, realizó un viaje a Colombia, ignorando todas las restricciones que por seguridad tenía en ese lugar. Sin pensar en su vida ni en la de sus hijos, decidió cruzar el océano y regresar.

Durante el viaje, su novio fue detenido por narcotráfico y a ella le retuvieron el pasaporte, impidiéndole regresar. Después de este incidente, quedó de nuevo sola con los niños, en un país en donde ya no se desenvolvía. Su limitación para trabajar le cerró la oportunidad de brindarle una estabilidad económica a su familia y terminaron viviendo en un hotel.

En ese entonces, mis sobrinos tenían trece y siete años. Ella dejó a cada uno con un familiar diferente y de un momento a otro, desapareció. No respondía llamadas, no fue al hotel a recoger sus pertenencias, no dejó recados ni razones para nadie. Con el paso del tiempo, traté de que los niños viajaran a Estados Unidos para cuidar de ellos, pero el pasaporte de su hija mayor tampoco apareció, por lo que no podía salir del país.

Uno de mis interrogantes más grandes es que horas antes de su desaparición, le dijo a mi sobrina que haría una diligencia rápida y volvería pronto. Nunca lo hizo, por lo que la niña llamó a mi tía y ellas me contactaron. La niña se quedó en la casa de una amiguita hasta que pudimos organizarnos para ir a recogerla.

Junto con mi familia y amigos buscamos a mi hermana por todas partes. Removimos contactos y llevamos a cabo las indagaciones correspondientes, pero no pudimos dar con su paradero. Hasta el día de hoy, sigue siendo una incógnita lo que sucedió con ella. Al pasar los años, nadie quiere hablar de su desaparición, ya que hay muchos interrogantes. Tristemente, las personas que le querían hacer daño cumplieron con su palabra y ni los restos nos dejaron encontrar.

En este espacio, me gustaría tener la oportunidad de abrir mi corazón como hermana e hija de Dios. Si aquellos que le hicieron eso a mi hermana leen este libro, quiero que sepan que los perdono, independientemente de si está muerta o no. Oro a Dios para que los perdone y les dé a conocer su amor. Yo no guardo rencor frente a lo que sucedió. Me dolió mucho, ¡por supuesto! Es una de esas circunstancias que sientes que se atraviesa en tu vida y que te cuesta dejar atrás; pero aun así, yo creo que Dios tiene misericordia y así como Él me perdonó a mí, yo también los perdono.

Así como Él me perdonó a mí, yo también los perdono.

Me gustaría que nos contactaran para poder saber qué sucedió y, si es posible, para encontrar sus restos. Esto les dará paz a sus hijos, a quienes su desaparición les ha generado mucho daño.

Para mis sobrinos, lo sucedido con su madre fue un golpe del que aún no se reponen por completo. Como no fue posible encontrar el pasaporte de la niña, tuvo que quedarse en Colombia, y el niño vino a vivir conmigo. Él tenía tan solo ocho años. Llegó desorientado, con dolor y rabia. En casa, estábamos mi novio, mi hermanita menor y mi hijo. Vivíamos en un pequeño apartamento, sin lujos, con bastante modestia y eso le causó un gran choque.

A menudo, me reclamaba por no tener personal de servicio. Gritaba voces diciendo por qué tenía un hijo si carecía de dinero para criarlo. Con mucha valentía tuve que sentarme con él y explicarle lo que estaba sucediendo. El impacto fue abrumante y su manera de reaccionar fue hiriendo y actuando fuertemente contra quienes estábamos cerca. La incertidumbre y todos los cambios en su niñez crecieron en él junto con características de adicción, que en su juventud se tradujeron en el consumo de drogas. Este camino le llevó incluso a perderse en las calles, olvidarse de sí mismo y causar sufrimiento a quienes le amamos.

Esto no solo le pasó a él, sino que conozco historias de madres y familias que estuvieron involucradas en el narcotráfico, cuyos jóvenes cargan las pesadas cadenas de la adicción. Para ellas, mi mensaje es no bajar la guardia y confiar en que Dios tiene la última palabra. Mi amado sobrino volvió a Colombia en su adolescencia, deambuló por diferentes valles hasta que el Señor cumplió su promesa y lo rescató. Hoy en día es miembro activo de una iglesia cristiana, trabaja y está en el proceso de restauración para su vida. ¡Dios siempre da una segunda, tercera y siguiente oportunidad!

¡Dios siempre da una segunda, tercera y siguiente oportunidad!

Nunca he dejado de amarlo, es un hombre excepcional. Veo en sus ojos el brillo de vida que tenía mi hermana y oro a Dios para que lo guarde y acompañe siempre.

Cuán importante es reconocer cuando nuestro corazón tiene sed de Dios y busca diferentes fuentes para llenarse. Las mujeres de mi familia tratamos de llenar nuestro corazón con hombres, palabras bonitas, dinero y poder. Tratamos de ocultar el dolor de nuestros vacíos con dinero, drogas o promesas de amor. Todo esto, nos llevó a pozos de angustia, dolor y desesperación.

Quien está herido, hiere. Damos de lo que abunda en nuestro corazón.

Todos tenemos un vacío que tiene el nombre de Jesús escrito en su interior.

No es hasta que admitimos que necesitamos a Dios, lo reconocemos como nuestro Señor y dejamos que Él llene todo vacío, que podemos tener un cambio radical en nuestras vidas.

No ha sido fácil lidiar con la incertidumbre y la expectativa de saber qué sucedió realmente con mi hermana. A veces, la recuerdo y se me encoge el estómago de pensar en su paradero o en lo que pudo haber vivido. También, sé que todas estas decisiones llevaron a la familia y a sus hijos a un huracán de emociones y preocupaciones. Cuando tomamos decisiones, nos cuesta entender la implicación que tienen las mismas para quienes nos rodean. Nuestra vida no se trata únicamente de nosotros mismos, sino que con cada paso que damos, afectamos a otros. Al ver lo que sucedió con ella, comprendí que mis elecciones influirían directamente sobre la vida de mis sobrinos y allegados.

Si has experimentado esa hambre de aprobación o la angustia de depender de una sustancia para estar feliz o triste; si sientes que necesitas un trago en la mano para poder estar en paz; si no te imaginas la vida fuera del trabajo o con determinada posición económica, lo más seguro es que hayas hecho un ídolo de tus circunstancias o de las personas que te rodean.

La libertad de la dependencia la encontramos al arrepentirnos y rendir nuestra vida al gobierno de Jesús.

Es decidir llenarnos de su presencia y amor para que, desde esa plenitud, podamos establecer nuevas relaciones y disfrutar de su libertad. Te animo a buscar con todo el corazón esa paz que solo proviene de Él, a levantar tus manos y rendir tu voluntad a su amor. Sé que en un principio parecerá que todo sigue igual, pero cuando menos lo esperas, el velo se correrá y te darás cuenta de que aunque no lo entendías, Él siempre ha estado obrando a tu favor.

Afortunadamente, en donde

nosotros vemos ruinas,

Dios ve una hoja en blanco.

Cuestionario:

Codependencia

1. ¿Con qué tipo de experiencias o personas has tratado de llenar los vacíos de tu corazón?

2. ¿Has permitido que Jesús quite el dolor de tu alma y te llene por completo?

3. ¿Cómo crees que puedes fortalecer tu relación con Dios para sanar tu corazón?

Escribe una oración en la que le pides perdón por llenar tus vacíos con dependencias insanas y que te llene de su amor.

¿Qué piensas del siguiente versículo?

> *—Todo el que beba de esta agua volverá a tener sed —respondió Jesús—, pero el que beba del agua que yo le daré no volverá a tener sed jamás, sino que dentro de él esa agua se convertirá en un manantial del que brotará vida eterna. (Juan 4:13-14 NVI)*

Capítulo 9

Una cita con el cielo

Con el paso del tiempo, mi hermanita pequeña se convirtió en una joven llena de curiosidad, energía y conocimiento. Sin embargo, cuando ingresó a la universidad, empezó a tener una vida desorganizada. Le gustaban la fiesta, el alcohol y varios entretenimientos que, lejos de ayudarla, la distraían de su propósito. Aun así, era muy buena estudiante. Afortunadamente, Dios es nuestro Padre que nos cuida aun antes de imaginarlo, pues, como veremos más adelante, tras varios encuentros con personas de fe, un retiro espiritual y amigos a su alrededor, dio su vida al evangelio y nunca se apartó de él.

Hoy en día, es una hermosa y joven madre, con un gran esposo y amigo, mi pastor, Ronald Salas. Solo puedo honrar y agradecer a Dios por su fidelidad en la vida de Alejandra, la hija que mi madre y Dios me dieron para cuidar. Hoy en día pastorea y acompaña a cientos de mujeres a caminar en la senda del evangelio. ¡Dios es maravilloso! Es una mujer muy entregada, caritativa y presta para ayudar a las personas. Es una gran madre y, a pesar de no haber crecido con su mamá, ha podido formar un hogar hermoso, ha sido sabia para criar a sus hijos, llevar adelante su vida y honrar al Señor. Dios siempre nos guarda bajo su amor, es su pacto con nuestra generación.

Pero, volviendo al pasado, luego de la desaparición de mi hermana, sucedieron muchas cosas al mismo tiempo. Vivíamos en Florida y, a causa de un gran y tormentoso huracán, huimos del lugar de residencia para refugiarnos en donde tuviéramos más seguridad. Ese fin de semana, llegamos a Atlanta, Georgia.

Según nos escogió en él antes de la fundación del mundo, para que fuésemos santos y sin mancha delante de él.
(Efesios 1:4)

Nos quedamos en la casa de un primo e, inmediatamente, le consiguieron trabajo a mi esposo en reparación de aire acondicionado en uno de los complejos de apartamentos. Yo estaba feliz porque la vida era más económica, el nivel y la calidad de vida eran mucho mejor y, también, porque tenía familia cerca.

Georgia es un estado que otorga buenas garantías para la compra de inmuebles, así que calificamos fácilmente para poder comprar una propiedad. Al hacer los trámites para nuestro hogar, la persona que nos vendió la casa se quedó viéndome a los ojos y me preguntó si quería hacer el curso y comenzar a trabajar con ella. Sin dudarlo, acepté. Este tipo de ocupación me permitía manejar mi tiempo, ya que tenía que cuidar de mi hijo y mi sobrino, quien para ese momento estaba pasando diferentes crisis por lo ocurrido con su mamá.

Algunos meses después, descubrí que mi esposo me era infiel con una mujer americana. De hecho, me comuniqué con ella y me dijo que llevaban saliendo varios meses, por lo que decidí separarme, vender la casa y tomamos distintos caminos. Nuevamente, me sentía aterrada. Tenía dos niños conmigo, muchas responsabilidades y me preguntaba cómo iba a criar a estos niños yo sola, en este país y sin el dinero suficiente.

Como si todo esto fuera poco, la vida me tenía una sorpresa más. Mientras avanzábamos con los trámites de la separación, me di cuenta de que estaba embarazada. A pesar de estar distanciados, le mandé un mensaje a mi esposo dándole la noticia. Él, automáticamente, respondió: «Ese bebé no es mío». El hecho de que dudara de mí, me provocó una gran angustia en el alma.

Una tarde, empecé a sentir dolor y varios síntomas que me causaban mucho malestar. Tras ir al hospital, me dijeron que el bebé había muerto. Y con esto, nuevamente, me sumí en desesperación. Sentía que repetía los mismos círculos una y otra vez: lloraba mi pérdida, extrañaba a mi hermana, lloraba a mi mamá… Me encontraba sin esperanzas, no sabía por dónde hallar una salida. Fue entonces cuando recibí una llamada de una amiga de mi infancia: «Liliana, necesito verte. ¿Podemos encontrarnos?».

Creo que el poder de Dios y su amor nos marcan aun antes de que lo imaginamos. Aunque estuve muchos años apartada de la iglesia y de una vida consciente al lado de Jesús, siento que siempre me rodeó su amor. Desde mis primeros años, encontré en la oración del padrenuestro una paz inexplicable, tanto que era lo primero que venía a mi mente cuando tenía alguna situación difícil. Además, la persona que estuvo a mi cargo en mi infancia era cristiana y estoy segura de que siempre oró por mí.

> ***Así será mi palabra que sale de mi boca; no volverá a mí vacía, sino que hará lo que yo quiero, y será prosperada en aquello para que la envié.*** *(Isaías 55:11)*

A mis dieciocho años, a una de las personas que nos apoyaba en las labores del servicio en casa, le encantaba poner en orden mi armario. Se me acercaba con una sonrisa y me decía: «¿Te arreglo el clóset?». Una vez, me causó tanta curiosidad su actitud que, sin que ella lo notara, espié su trabajo para saber por qué le gustaba hacerlo. Al acercarme, me di cuenta de que estaba orando por mí y por mi ropa, además de que al salir, siempre me dejaba notas con versículos bíblicos.

Yo, aunque de labios para fuera cuestionaba su fe y, aparentemente, no le creía, sí guardé estos recuerdos en mi corazón. Tanto que hoy son motivos de agradecimiento y adoración a Dios, pues siempre estuvo en mi camino, aun cuando no me daba cuenta. Todo lo anterior, aunado a los libros de oraciones que leí y mis pequeñas plegarias en momentos de desesperación, había hecho de mi corazón un campo lleno de abono para el día en el que la Palabra fuera sembrada de manera definitiva.

Dios ya había hablado a mi corazón, solo que aquel día, hablaría a mi mente.

Ese día, recibí la llamada de mi amiga de la infancia que estaba de visita. Ella es como mi madre espiritual, aunque en mi juventud, no era más que solo una amiga de parranda, fiestas y noches locas. Fue elegida reina de belleza de la zona del valle en Colombia. Su familia contaba con médicos de diferentes especialidades y años antes de verme, le habían diagnosticado cáncer cerebral.

Cuando su familia se enteró de lo que sucedía, buscaron todos los recursos naturales y científicos para tratarla y conservar su vida. Justo antes de comenzar la quimioterapia, recibió la visita de una conocida, quien le dijo que la única salida para esa tormenta que estaba enfrentando era entregarse a Jesucristo. Ella, encerrada por la situación, pero a la vez sensibilizada por las palabras de la mujer que le hablaba, hizo la oración de fe y fue curada radicalmente. Hoy en día es una gran servidora de la iglesia, ama al Señor y ha sido una caricia de las manos de Dios en la vida de muchas personas, comenzando por la mía.

Cuando nos vimos, yo no conocía nada de su reciente experiencia. Ella solo me dijo que teníamos que vernos, que era importante. Luego, me explicó que el Espíritu Santo la había inquietado a que fuera a orar por mí y, aunque yo no sabía la razón, tenía mucha expectativa de verla y una certeza en mi mente de que necesitaba escuchar lo que ella tenía para decirme.

Porque todos los que son guiados por el Espíritu de Dios, estos son hijos de Dios.
(Romanos 8:14)

Cuando nos reunimos, las horas se hicieron segundos. Fue una noche que nunca olvidaré. En el pasado, juntas vivimos noches y amaneceres en medio del licor, la música y el desorden; ese día, pasamos la noche en vela y recibimos el sol hablando del poder de Dios y de su maravilloso amor.

Solía llegar a mi casa con una botella de licor para comenzar a estar «felices» desde temprano, pero ese día llegó con una Biblia para traer un gozo que duraría para siempre en mi corazón.

Aún tenía mucho dolor por lo que le había sucedido a mi mamá y a mi hermana. Me sentía acorralada en medio de muchas situaciones con las que tenía que lidiar a diario, pero escuchar que no estaba sola, que tenía esperanza y que Dios me amaba fue como si recibiera una bebida llena de vida y poder. Sentía que cada parte de mí clamaba para que me acercara de manera fiel al poder de ese Dios que sanaba enfermedades y curaba corazones rotos.

Esa noche, aprendí a leer la Biblia. Comprendí que tener rosarios y rezar lo mismo todos los días no era sinónimo de tener una relación con Dios. Tras ese encuentro, nunca volví a ser la misma. Bastó una noche para que el calor del Señor transformara mis sufrimientos. Recuerdo que saqué todas las imágenes de santos que tenía, incluso rompí lienzos que había traído de España con el retrato de la virgen.

Ese día, limpié mi corazón, mi mente y mi hogar. Mi hambre por la Palabra de Dios se incrementó y comencé a llenarme de Cristo todos los días. Leía devocionales, escuchaba prédicas y busqué una iglesia cercana donde hice todos los discipulados que encontré. Luego, comencé a asistir a mi iglesia, Free Chapel, con el pastor Jentezen Franklin. En este lugar, encontré una familia, amigos y el abrazo del Padre a mi corazón con personas que impulsaron y levantaron mi fe.

Instruye al niño en su camino, y aun cuando fuere viejo no se apartará de él.
(Proverbios 22:6)

Llevé conmigo a mi hijo, pues quería que se empapara y recibiera del Señor desde sus primeros años. Para mí era una prioridad que mi niño creciera en un entorno de principios de fe y valores de reino. Tenía muy claro que si de pequeño recibía la verdad, aunque de grande quisiera apartarse, el Señor usaría el depósito de su corazón para traerlo de vuelta. Al crecer, me ocupé de llevarlo a las reuniones de jóvenes y lo acompañaba a todos los eventos que había.

Una de las grandes responsabilidades que tenemos como padres no es solo llevarlos a la iglesia, sino involucrarnos en su proceso de fe. ¡Animarlos y formar parte de su crecimiento espiritual!

Luego de esa noche, sepulté a una mujer llena de dolor, amargada y calculadora, para abrazar a una mujer de fe, generosa y con un corazón de servicio. Este cambio también tuvo repercusiones en mi relación sentimental, puesto que el papá de mi hijo y yo habíamos decidido vivir juntos, pero nunca habíamos legalizado nuestra unión. Sentía en mi corazón que no estaba haciendo lo correcto al estar conviviendo sin casarnos y quería hacer las cosas como Dios instruye.

Mi vida social también fue transformada radicalmente. Me di cuenta de cómo el alcohol y la droga deterioraban a la gente.

Ya no necesitaba ir a una discoteca, podia divertirme y ser feliz sin necesidad de participar de un ambiente pesado.

Dios siempre nos guarda

bajo su amor,

es su pacto

con nuestra generación.

Cuestionario:

Salvación

1. ¿Qué áreas de tu vida han sido transformadas al conocer a Jesús?

....

2. ¿Cómo ha influenciado tu fe a las personas que te rodean?

....

3. ¿Cuál ha sido el principal mensaje que tu familia ha escuchado de ti al conocer a Jesús?

....

Escribe una oración en la que le pides a Dios por tu familia, para que puedan conocer y experimentar a Jesús como tú lo vives.

....

....

¿Qué piensas del siguiente versículo?

> *Y si mal os parece servir a Jehová, escogeos hoy a quién sirváis; si a los dioses a quienes sirvieron vuestros padres, cuando estuvieron al otro lado del río, o a los dioses de los amorreos en cuya tierra habitáis; pero yo y mi casa serviremos a Jehová. (Josué 24:15)*

....

....

Capítulo 10

Legado: la huella de nuestra vida que nunca se borrará

Luego de lo que sucedió con el papá de mi hijo y de haber vivido momentos en donde los límites del respeto se cruzaron, justo antes de separarnos de manera definitiva, volvimos a estar juntos. Ahora, en retrospectiva, entiendo que mi temor era que mis hijos crecieran sin una familia. No quería añadir un divorcio a mis cargas, así que decidí luchar por mi hogar. Al ver hacia atrás, comprendo que estas acciones provenían de mi falta de autoestima, amor propio y carácter.

A veces, como mujeres, abrazamos el maltrato y la vida de sufrimiento porque no encontramos las fuerzas para tomar decisiones dolorosas y transformadoras.

Después de un tiempo, todo volvió a salir a la luz. Él tenía una novia a quien veía a escasos metros de mi casa. Tras confirmar que las circunstancias no iban a cambiar, decidí irme con mi hijo a vivir a un pequeño cuarto. Estuvimos allí un corto tiempo hasta que logramos mudarnos a un modesto apartamento. Debido a la recesión económica que había en ese momento en Estados Unidos, la venta de bienes raíces estaba pasando por su peor época, y no lograba conseguir un trabajo más estable para sustentar la vida de mi hijo.

Tiempo después, el Señor abrió nuevas puertas en Nueva York. Comencé a trabajar como empleada en una compañía de seguros. Esto fue un gran paso para mí, ya que fue un despertar a nuevas oportunidades, en donde aprendí a trabajar con horarios, ser responsable de mis finanzas y muchas cosas más.

Disfruté apoderarme de mi diario vivir para ir construyendo la mujer que quería ser.

En ese año, mi papá se enfermó, así que tuve la oportunidad de restablecer la relación con él; pude pedir perdón y perdonar. Para lograr restablecer esa unión familiar fue necesario contar con el apoyo de un pastor en la ciudad de Nueva York. Como él se parecía físicamente, compartir a su lado me hizo ver las áreas que aún no habían sanado. Tenía una herida todavía abierta por habernos abandonado, pues sentía que gracias a ello, mi hermana y yo habíamos tenido que vivir tantas situaciones difíciles. Recuerdo vívidamente que una de las terapias que realicé fue poner una fotografía suya en mi casa, para poder verlo a diario, fue un proceso difícil y largo, pero hoy tengo una muy buena relación con él.

En ocasiones, tenemos que remontarnos al pasado, no para revivir el dolor, sino para cerrar el capítulo y seguir adelante.

En cuanto a mis sobrinos, mis ojos se llenan de lágrimas cada vez que pienso en ellos. Mi sobrina no pudo salir del país luego de la desaparición de su madre, puesto que no contábamos con su pasaporte. Hasta el día de hoy, es un misterio que tampoco pudimos resolver. Hoy es una hermosa, talentosa y trabajadora mujer. Aunque no pudo vivir conmigo en Estados Unidos, siempre estuve presente en su vida, sustentando sus necesidades y apoyándola en lo que pude. Al verla a ella, veo gran parte de mí: la manera como enfrenta las circunstancias, su determinación, su decisión, lo aguerrida que es para trabajar. Es muy fuerte y, a pesar de haber perdido a su padre, padrastro, abuela y que su madre haya desaparecido, no cayó en ningún vicio extraño. Físicamente, es hermosa, tiene una bella hija y un hogar estable.

Mi sobrino es una gran bendición para mí. Al haberlo criado en el evangelio, desarrolló una sensibilidad especial para amar a Dios y buscar de Él, aun cuando la vida no le ha sido fácil. Es una persona muy respetuosa y buena conmigo, y cuando hablamos me pide que ore por él. Ya es padre de un niño que me recuerda mucho a él durante sus primeros años, pues tiene su misma sonrisa y su pelo claro.

Ellos dos son el legado que mi hermana me dejó para disfrutar y formar. Siempre he tratado de darle lo mejor de mí a cada uno de ellos y juntos hemos aprendido a construir nuestros lazos, limpiar las cenizas y seguir caminando a pesar de nuestro pasado.

Mi vida ha sido transformada por el amor de Dios; aunque viví mucho dolor, todo ha sido para su gloria, como dice su Palabra.

De ahí en adelante, el Señor me ha sorprendido con el paso de los años. Un día, soñé que había una caja pequeña y que al abrirla encontraba un gran tesoro. Como estoy acostumbrada a que Dios me hable por medio de sueños, cuando me desperté me pregunté si sería algo relacionado con historias hermosas. *¿Será que voy a descubrir algo?*, pensé. Luego, me enteré de que tenía una hermana menor por parte de mi papá. Esta noticia me ha hecho muy feliz, además de darme la oportunidad de crear nuevos lazos y crecer en amor en todos los aspectos.

He aquí, hago algo nuevo, ahora acontece; ¿no lo percibís? Aun en los desiertos haré camino y ríos en el yermo.
(Isaías 43:19 LBLA)

Ese mismo día, recibí una información confidencial que me confirmó mi sospecha sobre quién por equivocación había matado a mi madre. Estaba tan impactada que cuando lo supe tuve que disimular con todas mis fuerzas mis sentimientos. Fue uno de los hombres con los que tuve una relación sentimental, aunque para el momento en el que me enteré, ya había fallecido. Para mí fue difícil de asimilar. ¿Cómo era posible que yo hubiera tenido una relación amorosa con una persona que al final les hizo tanto daño a mi mamá y a toda mi familia?

Afortunadamente, Dios ha sido siempre mi sanador. En Él, tuve que perdonar y perdonarme, era la única manera de seguir adelante.

He compartido cada evento que viví y cómo lo superé para mostrarte que sí es posible tener más oportunidades. No en vano la Palabra dice en Filipenses 4:13: «Todo lo puedo en Cristo que me fortalece». Podemos superar cada uno de los obstáculos que se presente en nuestra vida; solo necesitamos tener la mente de Cristo para avanzar y no quedarnos atrás.

Veo a muchas mujeres que se deprimen fácilmente, que a lo mejor terminan una relación y sienten que la vida no tiene sentido. Mi objetivo con este libro es darte fuerzas y decirte que sí es posible salir adelante.

El plan que Dios destinó para mí guardó mi vida y así lo hará contigo.

Aun cuando estuve sumida en dolores profundos y situaciones extremas, nunca consumí drogas y siempre quise tener la mente clara en medio de esos ambientes, por lo tanto, no accedí ni al licor ni a las drogas. Quería controlar la situación y no que la situación me controlara.

Aunque mi mamá y mi hermana pudieron haber escogido estilos de vida diferentes, fueron sobrepasadas por sus decisiones. Eran mujeres muy bonitas e inteligentes que, a lo mejor, podrían estar vivas si su camino hubiera sido diferente.

Nuestras decisiones de hoy son el presente del mañana.

En mi corazón, me queda la esperanza de que al menos mi mamá sí conoció del Señor, pues en la cárcel, compartió con personas que le hablaron del poder sanador de Cristo. De hecho, luego de su estadía en ese lugar, salió un poco más sensible. Antes era mucho más fuerte, no obstante, esta experiencia la sensibilizó un poco. Sé que ella hizo la oración de fe, he incluso, varias veces la vi leyendo la Palabra de Dios. Ahora que te comparto esto, me sonrío pues justo en estos días encontré una Biblia con su dedicatoria. Me la regaló el 24 de junio de 1994 y dice: «Como sé que eres buena, esta es tu mejor arma». Aunque no conocíamos al Señor, sus palabras de autoridad como mamá marcaron mi camino.

Ahora soy una mujer en Cristo. Me encanta ayudar a la comunidad y, a pesar de no tener una relación sentimental en este momento, no me siento sola ni aburrida ni sufro de depresión. Soy una mujer feliz, amo inmensamente a Jesús, ya que Él cambió mi vida. Aprendí a trabajar y ver la vida desde una perspectiva diferente, a tener una disciplina en mi tiempo y mi trabajo, a disfrutar con dinero y sin dinero. He aprendido a disfrutar el día a día.

Mi versículo favorito es un resumen de mi aprendizaje en Cristo:

No lo digo porque tenga escasez, pues he aprendido a contentarme, cualquiera que sea mi situación. Sé vivir humildemente, y sé tener abundancia; en todo y por todo

> ***estoy enseñado, así para estar saciado como para tener hambre, así para tener abundancia como para padecer necesidad. Todo lo puedo en Cristo que me fortalece.***
> *(Filipenses 4:11-13)*

Aprendí a no depender del dinero para ser feliz. Tuve todo lo que soñé y no lo disfruté y he tenido momentos en donde no ha sido tanto y he estado muy feliz. Soy una mujer llena de salud, próspera, no solo financieramente, sino en mi corazón. Sé que puedo cumplir y alcanzar todo lo que me proponga, porque todo lo puedo en Jesús que me fortalece.

Sueño con tener un orfanato para ayudar a los niños necesitados a desarrollarse y tener un destino diferente. También, tengo en mi corazón la necesidad de apoyar a las mujeres. Sé que una mujer salvada es una generación transformada y, así como mi vida fue cambiada, quiero que la de muchas más también lo sea.

En cuanto a mi carácter, mis fortalezas del pasado se mantienen. Sigo siendo organizada, trabajadora, dedicada y determinada. Ahora, con Jesús, desarrollé nuevas fortalezas. He mejorado mi temperamento, he aprendido a soltar el control, nunca volví a decir groserías y he aprendido a ser prudente.

Lo bueno de mí, se potencializa y con lo demás; Jesús me sigue transformando a su imagen.

Mi secreto, como bien mi madre lo escribió en la Biblia, ha sido la Palabra de Dios. Siempre tengo un tiempo con Dios por las mañanas, antes de levantarme. Leo un capítulo diario, busco una palabra *rhema*, promesas y mandamientos. Me gusta escribir lo que aprendo y tengo diarios con todos los milagros y las palabras que el Señor me ha dado hasta ahora.

Si eres una mujer que está atravesando problemas, te animo a que no te rindas. Levanta tu mirada, pon tus ojos en Cristo y busca ayuda. Sé que a veces decimos: «Llevo tiempo orando y orando pero nada pasa», pero debes saber que Dios siempre está obrando. No busques pasar por dificultades sola, sino reúnete con personas de fe que puedan levantar tus brazos. Tener un círculo de apoyo es importante, por eso la Biblia dice que somos parte de la iglesia. Los hermanos en Cristo nos ayudan a formarnos, a aprender de Dios y a crecer. A veces buscamos consejos en amigos del mundo, pero sus palabras, aunque las amemos, no van a llevarnos a los pies de Jesús. Ellos no pueden dar consejos conforme a lo que Dios quiere, mientras que, en la iglesia, los hermanos se ayudan y sostienen entre sí. Esa es la nueva familia que el Padre nos provee.

Por todas ellas, decidí crear una fundación que tiene como propósito brindar apoyo a las mujeres y niños que se encuentran en situaciones vulnerables. Mi objetivo es dignificar a la mujer, educarla y darle herramientas para transformar su entorno y cambiar el rumbo de su vida; así como apoyar a la infancia y proveer para cubrir sus necesidades, brindándoles una oportunidad de desarrollo.

Podemos superar cada uno

de los obstáculos que se

presente en nuestra vida; solo

necesitamos

tener la mente de Cristo

para avanzar y no

quedarnos atrás.

Cuestionario:

Legado

1. ¿Qué huella intencional estás dejando en las personas que te rodean?

2. ¿Qué te gustaría mejorar en el legado que las personas están aprendiendo de ti?

3. ¿Qué esperas que las personas sepan de Jesús?

4. Escribe una oración en la que le pides a Dios sabiduría para tener un legado lleno de gracia para quienes te rodean.

¿Qué piensas del siguiente versículo?

Mantengamos fija la mirada en Jesús, pues de él viene nuestra fe y él es quien la perfecciona. Él, por el gozo que le esperaba, soportó la cruz y no le dio importancia a la vergüenza que eso significaba, y ahora está sentado a la derecha del trono de Dios. (Hebreos 12:2 NBV)

Capítulo 11

Refugio de esperanza

Dios es mi salvación y mi gloria;
es la roca que me fortalece;
¡mi refugio está en Dios!
(Salmos 62:7 NVI)

Hace poco, comencé a sentir en mi corazón la necesidad de ayudar a mujeres que, a causa de su formación o necesidad, se encontraran en estados vulnerables. Además, siempre ha habido dentro de mí una pasión por acompañar a niños en situación de desprotección. Por eso, decidí convertir mi pasión en una realidad y creé la fundación Lion´s Kids. Cuando iba terminando toda la tramitología, tuve una conversación con una amiga pastora, quien, a su vez, es la directora de la Fundación Gotas de Esperanza en Colombia. Cuán hermoso fue para mí darme cuenta de que el Señor unió nuestros caminos, por lo que comenzamos a desarrollar un proyecto social para el apoyo de la mujer.

Escuché la dirección de Dios y decidí convertirla en un paso firme.

Uno de los procesos más hermosos que Dios ha permitido a través de este proyecto es la búsqueda del lugar en donde desarrollaremos esta visión. Tras pensar en el nombre y los requerimientos para este espacio, hemos decidido que se llamará Refugio de Esperanza. No solo porque muchas mujeres encontrarán en él ayuda y apoyo, para tener una segunda oportunidad;

sino porque además el nombre de mi hermana era Esperanza y lo haremos en su memoria, para brindar a muchas mujeres la ayuda que ella necesitó.

Mientras todo esto se desarrolla, trabajo como agente de bienes raíces en Georgia. Mi sueño no es que las personas encuentren una casa, sino que construyan un hogar. Me gusta mi trabajo, manejo mi tiempo, lo tengo organizado y me da satisfacción que las familias sean felices.

He visto cómo Dios ha tomado mi vida y la ha transformado para su gloria. Sé que aún soy una obra en construcción, pero esto no me detiene a seguir a su lado, pues sé que su mano no se apartará de mi vida.

Soy una madre que quiere dar lo mejor para su hijo. Hoy en día, es un joven que creció en la iglesia, tiene un buen corazón y una nobleza enternecedora. Dios me ha premiado con un hombre que me honra como mamá y me enseña a ver su amor a través de sus ojos. Su vida para mí ha sido un aliento y fortaleza; gracias a su sonrisa he tenido el ímpetu para levantarme y lograr mucho más allá de lo imaginado.

Mi oración para él es que nunca se aparte del camino del Señor, que el Padre le conceda sabiduría y conocimiento para cada paso que dé y para la construcción de su hogar. Oro para que Dios escriba una nueva historia para su vida, en donde las cadenas del divorcio y la ausencia paterna sean completamente quebrantadas. Que de la misma manera que ha sido un gran hijo para mí, también pueda ser un gran padre para sus hijos, un gran esposo y estar presente para su familia. Sé que no he sido perfecta, pero tanto él como yo sabemos que juntos estamos dando lo mejor de ambos.

A veces, al llegar a la iglesia creemos que todo va a ser diferente y que nunca más tendremos problemas, pero esto no es cierto. En la vida vamos a tener aflicciones, pero de todas ellas el Señor nos rescatará y cuidará.

Estas cosas os he hablado para que en mí tengáis paz. En el mundo tendréis aflicción; pero confiad, yo he vencido al mundo. *(Juan 16:33)*

Nuestra paz no proviene de nuestra pareja, de nuestros hijos, del dinero o de una situación pasajera.La paz es una persona y se llama Jesucristo. No dependerá de no pasar problemas, sino de encontrarle a Él en medio de ellos.

Porque un niño nos ha nacido, un hijo nos ha sido dado, y la soberanía reposará sobre sus hombros; y se llamará su nombre Admirable, Consejero, Dios Poderoso, Padre Eterno, Príncipe de Paz.
(Isaías 9:6 LBLA)

En medio de todas las bendiciones que he tenido, una de las más sorprendentes es ver la guía del Espíritu Santo. Cuando comienzas a caminar con Dios, muchas personas se preguntan: «¿Cómo habla Él? ¿Cómo sabes qué quiere el Señor?». La respuesta para mí es fácil: leo su Palabra, escucho su voz y, de manera particular,

Él me habla a través de sueños. A su lado, he tomado decisiones creativas y que ayudan a muchos, entre ellas, la inauguración de una empresa de distribución masiva de arepas: Paisarepas.

En Estados Unidos, hubo una época de mucha bonanza para la finca raíz, en especial para el estado de Georgia. Mientras yo estaba trabajando fuertemente, sentí la dirección de Dios de prepararme para tiempos venideros; por eso, decidí crear una compañía destinada a un mercado diferente. Me asocié, y mandé a traer una gran maquinaria para producir arepas.

Este proceso tardó casi un año y medio y, para el momento en el que todo estuvo aprobado, el mercado de finca raíz estaba en otra situación. Si bien las familias siempre están buscando hogares, los intereses subieron y muchos han preferido esperar. En este tiempo, justamente, todo se unió para el gran comienzo de este emprendimiento. De hecho, como regalo de Navidad, la maquinaria llegó importada de Colombia un 24 de diciembre, día en el que para Colombia y gran parte del mundo, se celebra la llegada de Jesús a la tierra.

Jesús es la tierra prometida para los hijos de Dios. Cuando tienes a Jesús en tu corazón, su Espíritu guía los pasos que has de dar. Él te enseña a callar, a hablar y, aunque hay áreas que parecen imposibles de cambiar, con su amor las empieza a trabajar.

No te resistas a ser transformado por Dios, sino permite que su amor derrita el dolor y lo transforme para su gloria.

Sé que muchos queremos soluciones inmediatas y puede ser que a veces sean de esta manera; pero en su mayoría, llevan tiempo. Yo he encontrado en la paciencia una oportunidad para confiar en Dios, entregar el manejo de mi tiempo y rendir los resultados a la gracia del Señor.

Dios siempre cumple sus promesas, y él es quien los llamó a vivir en unión con su Hijo Jesucristo, nuestro Señor.
(1 Corintios 1:9 DHH)

Si este libro, Bajo la sombra de sus alas, llegó a tus manos, no fue casualidad. Una de las características hermosas de Dios es su paternidad. Aunque nuestros padres nos hayan fallado, aunque como seres humanos a lo mejor nos mintieron y no cumplieron con su palabra, Dios nunca nos fallará. Sus promesas son verdaderas, Él cumple lo que nos promete y nos ama con un amor incondicional.

Aunque mi padre y mi madre me dejaran, con todo, Jehová me recogerá.
(Salmos 27:10)

Esa paternidad se fundamenta en su amor eterno por nosotros, sus hijos. Sé que cuando fallamos, la primera reacción es salir corriendo y querer huir de su presencia. Allí es cuando nos cuesta entender la naturaleza de Dios, en la que aun cuando nosotros no podemos ser fieles, Él permanece siempre fiel.

¿A dónde me iré de tu Espíritu?
¿Y a dónde huiré de tu presencia?

Si subiere a los cielos, allí estás tú;
Y si en el Seol hiciere mi estrado, he aquí, allí tú estás.

Si tomare las alas del alba
Y habitare en el extremo del mar,

Aun allí me guiará tu mano,
Y me asirá tu diestra.

Si dijere: Ciertamente las tinieblas me encubrirán; Aun la noche resplandecerá alrededor de mí.

Aun las tinieblas no encubren de ti,
Y la noche resplandece como el día;
Lo mismo te son las tinieblas que la luz.
(Salmos 139:7-12)

Incluso cuando queramos huir de Dios, Él nos alcanza con sus lazos de amor y perdón. No temas estar segura bajo la sombra de las alas de Dios, pues su amor es nuestra cobertura. En Él podemos confiar, caminar, saltar, conquistar montañas y superar obstáculos. No porque seamos todopoderosos, sino porque Él es el Todopoderoso.

El Padre decidió amarnos de manera única y especial a cada uno de nosotros.

A lo mejor, has vivido estancada en las sombras del pasado, y te entiendo. Como has leído en mi historia, también lo experimenté. Mi vida no podría haber cambiado de rumbo sin haber entregado mis decisiones a la soberanía de Dios.

No importa si tus decisiones te llevaron a las drogas, a la prostitución, al aborto o incluso, a intentos fallidos de suicidio. Todo eso ya forma parte de lo que dejamos atrás. Hoy te animo a levantar tu mirada, superar tus miedos, aferrarte al único camino, a la verdad y a la vida que es Jesucristo y recordar que es bajo sus alas en donde encontramos refugio y esperanza seguros.

Cuestionario:

Decisiones

1. ¿Cómo tomas decisiones en tu día a día?

....

....

2. ¿Qué decisiones Dios te está guiando a tomar en esta temporada?

....

....

3. ¿Cómo puedes fortalecer la confianza en Dios en cuanto a tus decisiones?

....

....

Escribe una oración en la que le pides a Dios valentía para tomar las decisiones necesarias.

....

....

¿Qué piensas del siguiente versículo?

> *SEÑOR, muéstrame tus caminos, y enséñame tus sendas. Guíame en tu verdad y enséñame, porque tú eres el Dios de mi salvación; en ti espero todo el día. (Salmos 25:4-5 LBLA)*

....

....

Conclusión

Abrir mi corazón, ser vulnerable y contar mi historia no ha sido fácil. Creo que se necesita ser muy valiente para mirar hacia atrás, enfrentarnos al dolor, a nuestros errores y aciertos y comprender que cada paso que hemos dado construye quienes somos hoy en día. Como dijo Jesús en Marcos 9:23: «Al que cree todo le es posible».

Estoy muy feliz de haber escrito *A la sombra de sus alas*, un libro que no solo habla de mis experiencias, sino que además tiene como propósito ser un ejemplo para que todas aquellas mujeres que atravesaron lo mismo que yo sepan que hay esperanza y que es posible salir adelante.
Me encantaría conocer tu testimonio y la manera en que este libro te impactó. Por tanto, te animo a que me contactes a través de mis redes sociales, me envíes fotos de tu lectura y me dejes saber cómo ha sido tu vida a la sombra de las alas del Padre.

Para concluir este libro, me gustaría hacer una oración por cada persona que lo tenga en sus manos:

Dios, te doy gracias por cada persona que leyó «A la sombra de sus alas». Gracias por su amor, por su

perseverancia y por su vida.
Te pido que les fortalezcas, que les guíes en cada dirección que tomen, que puedan encontrarte a ti en cada paso que den y que siempre recuerden que en tu amor hay esperanza y salvación.
Gracias por cada persona que ha estado en mi vida y por cada una que vendrá. Gracias porque tú has hecho de mi historia una muestra de tu amor.
Te doy toda la gloria y honra.
En el nombre de Jesús,

Amén.

Acerca de la autora

Liliana Bustamante nació en Bogotá, Colombia y a los catorce años emigró a Estados Unidos. Es administradora de empresas, graduada de la Universidad Católica Popular de Risaralda en Colombia. En la actualidad, ejerce como agente de bienes raíces y reside en Buford, Georgia. Asimismo, se dedica a ayudar a la comunidad latina, por lo que su lema de trabajo es «No vendo casas, vendo hogares».

Le apasiona conocer nuevas culturas y espacios, por lo tanto, viajar es uno de sus mayores pasatiempos. A su vez, dedica la mayor parte de su tiempo a trabajar en pos del bienestar de los migrantes latinoamericanos, en la búsqueda de su casa propia.

Asimismo, Liliana es directora de la fundación Lion's Kids, creada con el fin de ayudar a niños de escasos recursos y a mujeres en condiciones vulnerables. Actualmente, trabaja en un convenio junto con la fundación Gotas de Esperanza en Colombia, denominado Refugio de Esperanza, cuyo eje principal es ayudar a las mujeres y niños víctimas de abuso físico o psicológico.

De manera simultánea, Liliana trabaja en un nuevo proyecto, con el fin de que más hogares estadounidenses puedan degustar la gastronomía colombiana. Por eso, hace más de un año fundó Paisarepas, su propia empresa de arepas.

Su premisa de vida es que todas las mujeres son una prueba de vida y todo problema tomado de la mano de Dios puede ser vencido y afrontado con seguridad.

Notas

CAPÍTULO 2: LAS HUELLAS DEL ABUSO

1. «Niños sin protección: los abusos sexuales en América Latina», Connectas, https://www.connectas.org/analisis/ninos-sin-proteccion-los-abusos-sexuales-en-america-latina/.

2. «Impacto y secuelas del abuso sexual en adolescentes y jóvenes», Cesolaa, https://educacionsexual.uchile.cl/index.php/hablando-de-sexo/acoso-y-abuso-sexual/impacto-y-secuelas-del-abuso-sexual-en-adolescentes-y-jovenes.

3. «Tipos de abuso», Women Against Abuse, https://www.womenagainstabuse.org/en-espanol/tipos-de-abuso.

CAPÍTULO 4: MI CONQUISTA: LA DEPRESIÓN

1. Instituto de Sanimetría y Evaluación Sanitaria, Global Health Data Exchange (GHDx), http://ghdx.healthdata.org/gbd-results-tool?params=gbd-api-2019-permalink/d780dffbe8a381b25e1416884959e88b.